村上祥子80歳 遺言レシピ

題字　村上祥子

主婦と生活社

もくじ

【レシピについて】

- 計量の単位は、小さじ1は5mℓ、大さじ1は15mℓです。1mℓは1ccと同じです。1カップは200mℓです。
- 特記していない場合、野菜の皮はむいてから調理してください。
- ごく少量の調味料の分量は、「少々」は親指と人差し指でつまんだ量、「ひとつまみ」は親指、人差し指、中指の3本でつまんだ量を示しています。
- 電子レンジの加熱時間は600Wを基準にしています。その他、電子レンジについて詳しくは7ページをご参照ください。
- オーブンおよびオーブントースターの加熱時間は目安です。様子を見ながら焼いてください。

はじめに

伝えたいのは、食の大切さ
人は食べることで生きるのだから

生きることは、食べること。
食べることは、生きることです。
だからこそ、家族のために自分のために、
おいしく食べられるようにと日々工夫して
生まれたレシピやアイデアは数えきれないほど。

「きみは、階段を一歩上ったら絶対に降りないね」
なんて、夫に言われたことがありました。
そんなふうに、わが道を走ってきた人生。
私は最後の最後まで気どって、
景気よく生きたい。だけど最近は、
いつ終わってもいいようにしなければならないな
とも思うようになりました。

次の世代に遺したい、思い出のレシピを
この一冊にまとめました。

健康のヒケツは食習慣。ゆるく長く続けています

朝ごはんはしっかりと

調子の悪い日が多かったころ、ろくに朝ごはんを食べていませんでした。それが、朝食をきちんととるようになって体調が劇的に改善しました。残りものでも、ワンパターンでもいいんです。

街ではよく
「村上さん？　お元気そうね」
と、声をかけられます。
歳のわりに
スタスタ歩いているからでしょうか。
免疫力を維持し、
いつも元気でいるために
もう20年ほど実践している
私の食べ方をご紹介します。

野菜は1日350g

350gは多いと感じる人がいるかもしれませんが、3食に分ければ、そうでもないでしょう？　できれば色の濃い野菜と薄い野菜をバランスよく、でも気にしすぎない程度に。いも類も含みます。

毎食、たんぱく質食材を100g

卵1個と納豆1パックでおよそ100gです。もちろん、お肉やお魚でも。魚を食べる機会が少ない人は、さば、あじ、いわしなどDHA・EPAが豊富な青魚を積極的にとることをおすすめします。

常備品で“持続可能な”食事づくり

野菜で作る常備菜や、自家製のたれなどをきらしません。仕込むときは多少面倒に思えても、忙しい朝の一品になったり、おかずの味がすぐ決まったりと、結局は“ラク”になるからです。

乳製品も欠かせません

カルシウムがとれる乳製品も大切です。牛乳なら1日2杯、チーズなら50gが目安。私はビタミンとミネラルが添加された粉ミルク(プラチナミルク／雪印ビーンスターク)も取り入れています。

手間と時間を省きながら おいしく栄養がとれる 電子レンジは強い味方です

【使い方のポイント】

- ６００Ｗなら、食材１００ｇあたり２分加熱が目安
- 加熱ムラを防ぐため、耐熱皿にのせる
- ポリ袋とラップを使い分ける
  - ＞野菜を大きいまま加熱するときは耐熱のポリ袋に入れ、口を閉じないでほどよく水分を飛ばしながら加熱する
  - ＞ラップはふんわりとかける。発生した蒸気でラップが破裂するのを防ぎつつ電磁波を効率よく回すため
  - ＞乾燥させたい、水けを飛ばしたいときはラップなし

レシピ中、電子レンジの加熱時間は６００Ｗのものを基準にしています。５００Ｗの場合は加熱時間を1.2倍に、７００Ｗなら0.8倍に、１０００Ｗなら0.6倍にしてください。機種によって差が出ることがありますので、様子を見ながら加熱してください。

1

昭和、平成、令和 作り続けてきた ムラカミ流おかず

カレー、から揚げ、おでん、
あじフライに、しょうが焼き。
みなさんにとってもきっと定番で
私も大好きなメニューから、
人との出会いや幼いころの思い出、
家族の要望で生まれた
オリジナルのレシピまで。
何十年も作り続けている
自信の逸品を
ぜひ味わってみてください。

わが家の定番
ばかりです！

外はこんがり、噛むとふわっとやわらかな肉だんご。
揚げるそばから子どもたちの小さな手がのびて
どんどんなくなっていったのは
楽しい思い出です。
おやつにも、おつまみにも。

ふわふわ肉だんご

材料…４人分

A豚ひき肉…200g
　卵…１個
　片栗粉…大さじ２
　塩…小さじ¼
　こしょう…少々
　しょうが汁…大さじ１
　しょうゆ…小さじ１
　酒…大さじ１
揚げ油…適量
キャベツ…２枚

作り方

1 ボウルにAを入れ、軽く曲げた指を広げた手で、粘りが出るまでよく練る。

2 キャベツはひと口大にちぎり、冷水にさらす。

3 フライパンに揚げ油を深さ１㎝ほど入れて中火にかける。油が低温のうちに、水で濡らした手で1をひとつかみし、親指と人差し指で作った輪の間からひと口大に絞り出し、油をつけたスプーンですくいながら油に入れる。

4 菜箸をV字に広げて油を大きくかき回し、水けを飛ばしながら揚げる。肉だんごが浮き、キツネ色になったら取り出して油をきる。

5 4を器に盛り、2の水けをきって添える。好みでポン酢しょうゆ少々（分量外）をつけても。

タネがやわらかいので、すくい落とすのが簡単。いびつな形で愛嬌があるだんごになります。

溶かしバターにくぐらせて衣をつけた
こんな料理もナゲットと呼ぶんですよ。
アメリカでは鶏肉ですが、さばで作ってみたら
「こっちのほうがおいしいね」と大好評！
フライとは違う、風味と香ばしさがあります。

衣のつなぎに溶かしバターを使います。焼くとバターのうまみが全体にいきわたります。

さばのナゲット

材料…2人分

さば(半身)…2枚
無塩バター…60g
塩・こしょう…各少々
レモン(くし形切り)…2切れ
A にんにく(みじん切り)…1片分
　パセリ(粗みじん切り)…2本分
　青じそ(せん切り)…10枚分
　パン粉…約1カップ
　粉チーズ…大さじ3

作り方

1 さばは骨を除き、2～3cm幅のそぎ切りにして塩、こしょうをふる。

2 バターは耐熱ボウルに入れてふんわりとラップをかけ、電子レンジで20秒加熱して溶かす。

3 バットにAを入れて混ぜる。

4 1のさばの水けを拭く。2に浸してから、3をまぶす。軽くにぎって衣を落ち着かせる。

5 天板にアルミホイルを敷いて4を並べ、オーブントースターの高温で約10分、焼き色がつくまで焼く。器に盛り、レモンを添える。

相性抜群のいわしとチーズをオーブン焼きに。
取り分けるとチーズが糸をひいて、
「おいしそう！」と必ず声があがります。
おもてなし料理にもおすすめの一品。

いわしのチーズ焼き

材料…２～３人分
いわし（三枚おろし）…200g
ほうれん草…１わ（200g）
スライスベーコン…２枚
玉ねぎ（薄切り）…½個分
粉チーズ・小麦粉
…各大さじ１
ピザ用チーズ…50g
塩・こしょう…各少々
サラダ油…大さじ２
パセリ（みじん切り）
…１本分

作り方

1 ほうれん草はポリ袋に入れて口を閉じずに電子レンジで４分加熱し、冷水にとる。水けを絞り、３cm長さに切る。ベーコンは１cm幅に切る。

2 フライパンにサラダ油大さじ１を中火で熱し、玉ねぎ、ベーコンを入れて炒める。玉ねぎがしんなりしたらほうれん草を加え、塩、こしょうをふってサッと炒め、取り出す。

3 ポリ袋に粉チーズ、小麦粉を入れて混ぜる。水けを拭いたいわしを加え、よくふって衣をまぶす。

4 フライパンに残りのサラダ油を足して中火で熱し、３を入れる。両面に焼き色がつくまで焼く。

5 耐熱皿にサラダ油少々（分量外）を塗る。４の半量を並べ、２、残りの４の順に重ねる。ピザ用チーズをふる。

6 オーブントースターの高温で約12分、焼き色がつくまで焼く。パセリをふる。

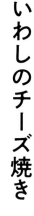

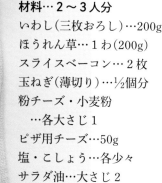

私の地元では、ハレにもケにも欠かせない料理。
お正月はお客様にふるまいます。
ふだんは肉をお揚げに代えて精進にすることも。
炒めないので、こまめにアクを取りながら煮ます。

がめ煮

材料…４人分

鶏もも肉…200g
干ししいたけ…小４個
こんにゃく…１枚
れんこん…100g
大根…300g
にんじん…70g
里いも…300g
ごぼう…70g
絹さや…４枚
片栗粉…小さじ１
A 砂糖…小さじ１
　ぬるま湯…100㎖
B 砂糖・塩…各小さじ１
　しょうゆ…大さじ１
　みりん…大さじ２

作り方

1 干ししいたけは混ぜ合わせたAに15分ほど浸して戻し、石づきを落とす。こんにゃくは大ぶりにちぎる。れんこん、大根、にんじんは乱切りに、里いもは半分に切る。ごぼうは皮をこそげ、１㎝幅の斜め切りにする。鶏肉は8等分に切る。

2 鍋に水、こんにゃくを入れて強火にかけ、煮立ったら5分ゆでてざるにあげる。れんこん、ごぼうはそれぞれ酢大さじ1(分量外)を加えた湯でサッとゆで、ざるにあげる。

3 鍋に1～2の具材を野菜、こんにゃく、干ししいたけ、鶏肉の順に入れる。干ししいたけの戻し汁と水を合わせて６００㎖にしたもの、Bを加え、落としぶたをして中火にかける。煮立つ程度の中火でアクを取りながら煮る。

4 煮汁が¼量ほどになり、野菜がやわらかくなったら、片栗粉に水小さじ2を加え混ぜ、煮汁少々で溶いてから加える。とろみがついたら火を止める。器に盛り、サッとゆでて斜め切りにした絹さやを散らす。

サクサクッと揚げたてを食べてほしい！
ムラカミ流は、らっきょう入りの
甘酸っぱいタルタルを添えます。

あじフライ

材料…２人分
あじ（背開き）…２尾分
塩・こしょう…各少々
小麦粉・溶き卵・パン粉…各適量
揚げ油…適量
キャベツ（せん切り）・きゅうり（斜め薄切り）・
　ミニトマト（縦半分に切る）…各適量
【タルタルソース】
　固ゆで卵…１個
　らっきょう（みじん切り）…３個分
　マヨネーズ…大さじ２
　ウスターソース…少々

作り方

1 あじは水けを拭き、塩、こしょうをふって2〜3分おく。

2 タルタルソースを作る。ゆで卵は白身と黄身に分け、白身は１㎝角に切る。ボウルに黄身を入れ、スプーンでつぶす。白身、その他の材料を加え混ぜる。

3 キャベツは冷水にサッとさらして水けをきる。

4 1の水けを拭き、小麦粉、溶き卵、パン粉の順に衣をつける。

5 フライパンに揚げ油を深さ１㎝ほど入れて中火にかけ、中温（１７０℃）に温める。4を入れて３〜４分揚げ、衣がキツネ色になったら取り出して油をきる。

6 器に3、きゅうり、ミニトマト、5を盛り、2を添える。

九州では生さばで作るところですが……
「エッ、さばを生で!?」という人もいるので
まぐろの赤身で代用。肴にもご飯のお供にも。
一度食べるとやみつきになります。

ごままぐろ

材料…2人分
まぐろの刺身…150g
白いりごま…大さじ1
万能ねぎ(小口切り)…2本分
A 白すりごま…大さじ1
わさび・ゆずこしょう…各小さじ½
しょうが汁…小さじ1
しょうゆ・みりん…各大さじ2

作り方
1 ボウルにAを入れて混ぜ合わせる。
2 まぐろはひと口大に切る(ぶつ切りならそのまま)。1に加えてあえ、ラップをかけて冷蔵室に10分ほどおいて味をなじませる。
3 器に盛り、いりごま、万能ねぎをふる。

思えば、1975年の料理家デビューのとき、
ラーメンレシピとともに
チャーシューをご紹介しました。
大きなかたまりで作るのもおいしいけれど
このくらいのサイズなら気軽に作れます。

チャーシュー

材料…2人分
豚肩ロース肉（かたまり）…300g
サラダ油…小さじ2
パクチー…4本
からし…適量
A おろししょうが・おろしにんにく…各小さじ½
みそ・砂糖・オイスターソース…各大さじ1
片栗粉…小さじ1

作り方
1 ボウルにAを入れて混ぜる。
2 フライパンにサラダ油を熱し、豚肉を入れてトングで返しながら、強火で全面をこんがりと焼きつける。余分な脂をペーパーで拭く。
3 中火にして①を加え、トングで返しながら調味料を肉にからめる。
4 耐熱ボウルに③をたれごと入れ、ふんわりとラップをかけて電子レンジで4分加熱する。
5 好みの厚さのそぎ切りにし、器に盛る。たれを回しかけ、食べやすい長さに切ったパクチー、からしを添える。

ちょっと焦げ目がつくくらいの強火で焼きつけることで香ばしい風味がつきます。

電子レンジで仕上げ加熱をすれば、生焼けの心配がありません。

牛すじ入りおでん

おでんが嫌いな人ってあまりいないでしょう？
だから、撮影時のスタッフのまかないや
仕事で忙しいときの家族の夕飯に、
一度にたくさん作ったものです。
子どものころ、お鍋を持って買いに行かされた
懐かしいお店の味に近づけているつもりです。

材料…4人分

牛すじ肉…200g
大根…6㎝
こんにゃく…小1枚
キャベツ…大2枚
かんぴょう（25㎝長さ）…2本
しいたけ…4個
ぎんなん（水煮）…8粒
木綿豆腐…1丁（300g）
じゃがいも…中1個
にんじん…⅓本
ちくわ…小4本
A 顆粒ビーフコンソメ・顆粒和風だし…各小さじ1
濃口しょうゆ…大さじ1
薄口しょうゆ・みりん…各大さじ2
からし…適量

作り方

1 牛すじは水に30分浸して血抜きをし、ざるにあげる。鍋に入れて水1.6ℓを加え、ふたをして中火にかける。煮立ったら弱火でアクを取りながら1時間煮る*。ペーパーを敷いたざるでこし、こしたゆで汁に牛すじを浸す。あら熱がとれたら冷蔵室にひと晩おく。

2 固まった脂を取り除き、牛すじは3㎝角に切って竹串に刺す。

3 大根は厚さを半分にし、半月切りにしてポリ袋に入れ、電子レンジで4分加熱する。こんにゃくは薄切りにし、切り目を入れて端を穴にくぐらせ、手綱にする。サッとゆでてアクを抜く。かんぴょうは水で戻して縦半分に切る。キャベツは半分に切り、ポリ袋に入れて電子レンジで2分加熱する。端を入れこみながら巻き、かんぴょうで縛る。しいたけはかさに十字の切り目を入れる。ぎんなんは2粒ずつ楊枝に刺す。豆腐、じゃがいも、にんじんは4等分に切る。

4 鍋に2、3、ちくわ、Aを入れて中火にかける。煮立ったら弱火でアクを取りながら20分煮る。途中、煮汁が減ってきたら水を足す。からしをつけていただく。

*圧力鍋の場合は水1.2ℓで、加圧8分

シメには「とうめし」を

しょうゆを加えて炊いたご飯におでんの豆腐をのせて。お好みでつゆをかけても。

牛すじの脂を冷やし固めて除くことで脂っこくなりすぎず、おいしいおつゆになります。

「ほたほた煮」は私が命名。
口の中に甘いおつゆがジュワッと広がります。
しっかり油抜きし、だしではなく水で煮て
油揚げの素朴な味を生かすのがコツ。
博多うどんによく合います。

油揚げのほたほた煮

材料…作りやすい分量

油揚げ(正方形*)…8枚

*長方形なら4枚を半分に切る

A砂糖…大さじ4
　薄口しょうゆ・みりん
　　…各大さじ2

作り方

1 鍋に湯を沸かし、油揚げを入れて浮かないように押さえながら5分ゆで、ざるにあげる。

2 鍋にA、水600mlを入れて混ぜ、1を加える。落としぶたをして弱めの中火で10分煮る。火を止めてあら熱をとり、煮汁ごと保存容器に入れて冷蔵室で保存する。

あるとうれしい常備菜に

やさしい味で、そのまま食べてもおいしい。冷蔵で5日、冷凍で1カ月保存可。ご飯にのせて削り節とわさびを添えていただくのもおすすめです。

材料…２人分

油揚げのほたほた煮…４枚
うどん…２玉
かまぼこ（薄切り）…２枚
長ねぎ（小口切り）…適量
赤唐辛子（粗みじん切り）…少々

【つゆ】
削り節（あれば、さばやうるめ節）
…20g
砂糖…小さじ１
塩…小さじ½
薄口しょうゆ・酒…各小さじ２

「油揚げのほたほた煮」を使って

博多風きつねうどん

作り方

1 鍋に水５００㎖、削り節を入れて火にかけ、煮立ったらアクを取る。弱火で5分煮て火を止める。削り節が沈んだら、ペーパーを敷いたざるでこす。

2 **1**を鍋に戻し、その他すべてのつゆの材料を加える。1～2分煮立ててから酢小さじ½（分量外。さば節などの臭みを除くため）を加える。

3 うどんをゆでてざるにあげ、器に入れる。温めた**2**を注ぎ、油揚げのほたほた煮、かまぼこ、長ねぎをのせ、赤唐辛子をふる。

言わずもがな、パリッと焼けた皮が大人気の焼き餃子。
そして、かつおだしでいただく水餃子も
意外とおいしいんですよ。
つるんとのどごしがよく、
病床の母が最後まで食べたがったのがこれでした。

焼き餃子

材料…20 個分
餃子の皮…20 枚
サラダ油…大さじ 2
しょうゆ・酢・ラー油…各適量
【あん】
A 豚ひき肉…100g
砂糖・しょうゆ・酒・ごま油…各小さじ 1
こしょう・一味唐辛子…各少々
粉山椒…ひとつまみ
片栗粉…大さじ 2
B キャベツ…100g
玉ねぎ…50g
しょうが(薄切り)…4 枚
にんにく…½片
塩…ひとつまみ

焼き餃子の包み方

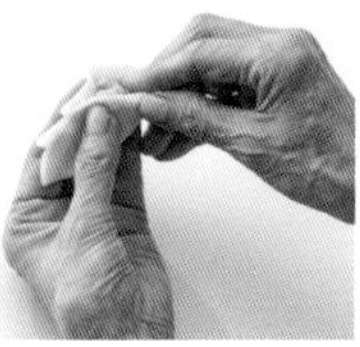

あんをのせた皮を半分に折り、片側だけにひだを 4 ～ 5 カ所寄せてしっかりと閉じる。

水餃子の包み方

あんをのせた皮を半分に折り、しっかり閉じてから、尖った両端に水をつけて留める。

作り方

1 Bはすべてみじん切りにしてボウルに入れる。塩を加え混ぜ、5分ほどおく。ペーパーで包み、水けを絞る。

2 ボウルに1、Aを入れ、粘りが出るまで練る。

3 餃子の皮1枚に2を小さじ2杯分ほどのせ、縁に水をつけてひだを寄せながら包む。同様にして計20個包む。

4 フライパンにサラダ油をひき、3を並べる。強火にかけ、2～3分焼く。薄く焼き色がついたら水50㎖を注ぎ、ふたをして2分蒸し焼きにする。

5 ふたを開けて水けがなくなるまで焼く。器に盛り、好みで酢、しょうゆ、ラー油をつけていただく。

おだしの水餃子

焼き餃子

おだしの水餃子

材料…20個分

餃子の皮…20枚
焼き餃子のあん
…½量
削り節…ふたつかみ
薄口しょうゆ・酒
…各小さじ2

作り方

1 耐熱容器に削り節を入れて熱湯600㎖を注ぎ、1分おいてこす*。鍋に入れ、しょうゆ、酒を加えて中火にかけ、ひと煮立ちさせる。

2 餃子の皮1枚に、あんを小さじ1杯分ほどのせ、縁に水をつけてひだを寄せずに帽子型に包む(右ページ写真)。同様にして計20個包む。

3 鍋に湯を沸かして2を入れ、煮立ったら中火で5分ほどゆでる。水けをきって器に入れ、1を注ぐ。

*手軽にとれる「1分だし」

豚肉とキャベツの甘みそ炒め、ホイコウロウ。
しんなりしすぎないようサッと炒めて
キャベツの歯ざわりを残します。

ホイコウロウ

材料…2人分

豚バラ薄切り肉…150g
キャベツ…300g
いんげん…4本
サラダ油…小さじ2
A おろしにんにく…小さじ½
豆板醤…小さじ½
甜麺醤*・砂糖・しょうゆ…各大さじ1

*甜麺醤がなければ赤みそ大さじ1、砂糖小さじ1で代用可

作り方

1 ボウルにAを入れてよく混ぜる。
2 キャベツは4～5㎝角に切る。いんげんは端を落として3㎝長さに切り、ポリ袋に入れて口を閉じずに電子レンジで2分加熱する。豚肉は3㎝長さに切る。
3 フライパンにサラダ油を入れて中火で熱し、豚肉を入れてほぐし、ふたをして中火で2分加熱する。
4 ふたを取り、キャベツ、いんげん、①の順に加えて手早く炒め合わせる。器に盛る。

ご飯に合う中華料理の代表格。
辛味をちゃんときかせながら甘さもある
日本人好みの味にしています。

麻婆豆腐

材料… 2人分
木綿豆腐…１丁(300g)
豚ひき肉(赤身)…100g
片栗粉…大さじ１
サラダ油…大さじ２
A長ねぎ(みじん切り)
　…10㎝分
　おろししょうが・
　おろしにんにく
　…各小さじ½
　豆板醤…小さじ１
B顆粒鶏ガラスープの素
　…小さじ½
　砂糖…大さじ１
　しょうゆ…大さじ３
　酒…大さじ２

作り方

1 豆腐は2.5㎝角に切り、ペーパーを敷いた耐熱皿にのせる。ラップをかけずに電子レンジで3分加熱する。

2 フライパンにサラダ油を入れて強火で熱し、ひき肉を入れてほぐしながら色が変わるまで炒める。

3 Aを加えて炒め、香りが立ったらB、水200㎖を加える。煮立ったら1を加える。

4 再び煮立ったら片栗粉に水大さじ1を加え混ぜて回し入れ、混ぜながら煮る。とろみがついたら火を止める。

アメリカの雑誌で見たラザニアに憧れて
パスタを手に入れたものの、
くっついてどうにもうまくゆでられません。
面倒だからとワンタンの皮で作ってみたのです。
これがまぁ、簡単でとってもおいしい！

ワンタンのラザニア

材料…２人分
ワンタンの皮…20枚
なす…２本
生クリーム…200mℓ
粉チーズ…大さじ２
揚げ油…適量
Ａ牛ひき肉…100g
　トマトソース…１缶(295g)
　おろしにんにく…小さじ１
　オリーブオイル…大さじ１

作り方

1 ミートソースを作る。耐熱ボウルにAを入れて混ぜ、ふんわりとラップをかけて電子レンジで8分加熱する。取り出して混ぜる。

2 なすはヘタを落とし、縦4等分に切る。フライパンに揚げ油を入れて中温(１７０℃)に熱し、なすを色づくまで揚げて油をきる。

3 耐熱皿に薄くサラダ油少々(分量外)を塗り、1の半量、なすの半量、ワンタンの皮10枚の順に重ね、生クリーム１００mℓを回しかける。同様にしてもう一度具を重ね、残りの生クリームを回しかける。粉チーズをふる。

4 オーブントースターの高温で8〜10分、粉チーズが溶けてフツフツするまで焼く。

ワンタンの皮はアバウトにのせてOK。重なり具合によって食感が変わるのがいい。

縁日の屋台のような甘辛味の煮つけは
家族みんなの好物で
お肉派だった父も、これは食べてくれました。

いかのつや煮

作り方

1 いかの胴は1cm幅の輪切りにする。足は2～3本ずつ切り離し、長ければ食べやすく切る。

2 鍋にAを入れて煮立て、しょうが、1を加える。再び煮立っていかの色が変わったらすぐ、いかだけを取り出す。

3 片栗粉に水小さじ1を加え混ぜる。鍋に残った煮汁に回し入れ、混ぜながら煮立てる。とろみがついたらいかを戻してサッとからめ、火を止める。

材料…2人分

いか…1ぱい(300g)
しょうが(皮つき・薄切り)…1かけ分
片栗粉…小さじ½
A 砂糖・しょうゆ…各大さじ2
　みりん…大さじ1

水分をほぼ加えず、焦げつくギリギリまで煮ると
鯛のうまみがギュッと凝縮します。
煮くずれないように、一度も返しません。
あら炊きは度胸よく作るべし、が身上。

火を通しすぎるとうまみが逃げてしまうので、1切れずつていねいに湯通しします。

鯛のあら炊き

材料…2～3人分

鯛のあら(頭、中骨など)
…300g
塩…小さじ1
万能ねぎ…2本
A 砂糖・しょうゆ・酒
…各大さじ2

作り方

1 万能ねぎは斜め切りにして冷水にさらし、ざるにあげる。

2 鍋に湯を沸かす。鯛のあらに塩をふる。1切れずつ湯に入れ、表面が白くなったら網じゃくしで氷水にとる。残りも同様に湯通しする。

3 氷水の中でうろこや血をこすり落とし、ざるにあげる。

4 鍋またはフライパンにA、3を入れて強火にかける。煮汁をかけながら煮て、煮汁がほぼなくなったら火を止める。器に盛り、1を添える。

揚げものは面倒で…という人でも大丈夫。
ごくシンプルな味つけで
少ない油でOK、1枚からでも作れます。
こんがりジューシー、アツアツをいただけるのは
おうちで揚げるからこそですよ。

鶏のから揚げ

材料…2人分

鶏もも肉…1枚(300g)
片栗粉…大さじ2
揚げ油…適量
サラダ菜…2〜3枚
A 砂糖・しょうゆ・酒…各大さじ1
塩…小さじ½

作り方

1 鶏肉は6等分に切る。厚い部分には1cm間隔で切り目を入れる。

2 ポリ袋にAを入れて混ぜ、1を加えてもみ、10分おく。ポリ袋の端を切り、余分な調味液を捨てる。

3 フライパンに揚げ油を深さ1cmほど入れ、中温(170℃)に温める。

4 小さめのボウルに片栗粉を入れる。2のポリ袋を切って広げ、鶏肉に片栗粉を1切れずつまぶしながら油に入れる。

5 中火で4分揚げ、返して弱火で4分揚げる。油をきって器に盛り、サラダ菜を添える。

片栗粉だけの衣で、表面をカリッと揚げます。ポリ袋をフル活用して手間をカット。

ルウを使わずにおいしいカレーが作りたくて
たどりついたレシピです。
野菜をジュースにして加えるひと手間で
長時間煮こまなくてもうまみが引き出せます。
インド人にも教えたいくらいおいしい!

野菜は具としてではなく、ミキサーでジュースに。鶏肉とともにだしの役割を担います。

チキンカレー

作り方

1 Aを耐熱ボウルに入れ、ふんわりとラップをかけて電子レンジで2分加熱する。

2 Bの野菜はひと口大に切り、マーマレード、水200㎖とともにミキサーに入れる。なめらかになるまで撹拌する。

3 鶏肉はひと口大に切り、塩、こしょう、小麦粉の順にまぶす。

4 鍋にオリーブオイルを入れて中火で熱し、3を入れて返しながら焼き、焼き色がついたら一度取り出す。空いた鍋に1を入れ、薄く色づくまで炒めて火を止める。カレー粉を加えて混ぜ、なじませてから弱火にかけて、香りが立つまで焦げないように炒める。

5 鶏肉を戻し入れて中火にし、トマトジュース、Cを加えてサッと混ぜ、2を注ぐ。煮立ったら弱火にし、ふたを少しずらしてときどき混ぜながら弱火で20分煮る。

6 器にご飯を盛り、5をかける。イタリアンパセリを添える。

材料…４人分

鶏もも肉…１枚(300g)
カレー粉…大さじ２
マーマレード…大さじ２
トマトジュース(無塩)…200mℓ
塩…小さじ¼
こしょう…少々
小麦粉…大さじ１
オリーブオイル…大さじ１
温かい雑穀ご飯など・
　イタリアンパセリ…各適量

A 玉ねぎ(みじん切り)…½個分
　にんにく(みじん切り)…１片分
　しょうが(みじん切り)…½かけ分
B じゃがいも…50g
　にんじん…30g
　セロリ…20g
C 中濃ソース…大さじ２
　しょうゆ…大さじ１
　塩…小さじ１

豚のしょうが焼き

しょうがの風味と甘辛しょうゆ味が
食欲をそそります。
白いご飯をかきこみたくなるおいしさ。

材料…2人分

豚しょうが焼き用肉…6枚(200g)
サラダ油…小さじ2
キャベツ(せん切り)…適量
Aおろししょうが…½かけ分
　砂糖・しょうゆ・酒
　　…各大さじ1

作り方

1 ボウルにAを入れて混ぜる。

2 キャベツは冷水にサッとさらして水けをきる。

3 フライパンにサラダ油を入れて中火で熱し、豚肉を入れる。強火にし、3分焼く。焼き色がついたら返し、弱火にしてふたをし、さらに3分焼く。一度火を止め、ペーパーで余分な脂を拭く。

4 ①を加え、再び中火にかける。肉を返しながら煮つめ、汁にとろみがついたら火を止める。器に盛り、②を添える。フライパンに残った汁を回しかける。

脂っこくなりすぎないように、
味つけをする前に余分な脂を
拭き取っておきます。

牛肉がふっくらやわらかく、
冷めてもおいしいのは油を使わないから。
ごぼうと牛肉はやっぱり、相性抜群！

肉ごぼう

材料…2～3人分

牛薄切り肉…50g
ごぼう…1本
A 赤唐辛子(種を除く)…1本
　砂糖・しょうゆ…各大さじ1
　酒…大さじ2

作り方

1 ごぼうは皮をこそげ、すりこぎなどでたたく。長さ5㎝ほどの食べやすい大きさに切る。ぬるま湯に5分ほどつけてから水けをきる。牛肉は3㎝幅に切る。

2 鍋にA、水200㎖を入れて火にかけ、煮立ったら牛肉を加え、ほぐしながら強火で煮る。アクを取り、ごぼうを加える。再び煮立ったら落としぶたをし、強火のまま煮汁がほとんどなくなるまで煮る。

煮汁たっぷりでひき肉とみそのうまみを
なすに吸わせるのがキモ。
作りおけば、あと一品というときに重宝します。

油もひき肉も少量なので、鍋を傾け、油の“池”を作って炒めるのが効率的です。

なすのみそ煮

材料…４人分

豚ひき肉…50g
なす…４～５本
みそ…大さじ３
砂糖…大さじ２
サラダ油…大さじ１

作り方

1 鍋にサラダ油、ひき肉を入れて強火にかける。鍋を傾けて油をためたところでひき肉をほぐしながら炒める。

2 ひき肉の色が変わり、カリッとしたら水６００㎖、砂糖を加え、みそを溶き入れる。

3 なすはヘタを落として２㎝厚さの輪切りにし、すぐ2に加える。

4 落としぶたをし、グツグツ煮立つ強火で20分煮る。煮汁が¼量ほどになったら火を止める。

**文化大革命のころ、中国家庭料理の本を手に入れ、
夢中になって何度も何度も作った一品。
ゆでた春菊を絞らずにあえるの。
その水けがだし代わりになるんです。**

春菊のにんにくサラダ

材料…２人分

春菊…１わ(200g)

にんにく(薄切り)…１片分

しょうゆ・ごま油…各小さじ２

作り方

1 にんにくはボウルに入れ、しょうゆ、ごま油を加えて混ぜる。

2 春菊は洗って根元を２cmほど落とし、茎は３cm、葉は４cm長さに切る。

3 鍋に湯を沸かし、2を入れて箸でひと混ぜしたらざるにあげる。すぐ1のボウルに加えて混ぜる。

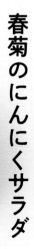

1980年ごろのニューヨークでは、
日本食を取り入れたヘルシーダイエットが大ブーム。
聞きかじって作ったのがこちらです。
彩りよく華やか、パーティにもぴったりで、
頻繁に食卓に上がったメニュー。

ニューヨークのそばずし

材料…４人分

茶そば(乾麺)…70g
きゅうり…½本
にんじん…小½本
紫玉ねぎ…¼個
カニかま…30g
アボカド…½個
くるみ(粗みじん切り)…２～３粒分
パセリ(みじん切り)…少々
クレソン…１わ
A 砂糖・酢…各小さじ１
　塩…少々
B フレンチマスタード・オリーブオイル
　…各小さじ１
　塩・こしょう…各少々
C 塩…小さじ½
　こしょう…少々
　白ワインビネガー・オリーブオイル
　…各大さじ２

作り方

1 きゅうりは薄切りにしてボウルに入れ、Aを加え混ぜて5分ほどおく。水けを絞る。

2 にんじんはせん切りにして(あればチーズおろしなどで削る)ボウルに入れ、Bを加え混ぜる。

3 紫玉ねぎは薄切りにして冷水にさらし、ざるにあげる。カニかまはほぐす。アボカドは種を取り、7㎜厚さの半月切りにする。

4 鍋に湯を沸かし、茶そばを入れる。再度煮立ったら箸でさばき、ふきこぼれない程度の火加減で袋の表示時間通りにゆでる。ざるにあげて流水で洗い、水けをきる。

5 Cをボウルに入れて混ぜ、ドレッシングを作る。

6 4をボウルに入れ、5の半量であえる。器に盛り、1～3を彩りよく飾る。残りのドレッシングを回しかけ、くるみ、パセリをふり、クレソンを添える。

宮崎の冷や汁は焼いたあじが入りますが
わが家では豆腐で作るのが定番です。
ごまみそ味の汁に薬味をたっぷり。

豆腐の冷や汁

材料…2人分

木綿豆腐…⅔丁(200g)
きゅうり・なす…各1本
青じそ(せん切り)…4枚分
みょうが(小口切り)…1個分
万能ねぎ(小口切り)…2本分
白いりごま…少々
温かい麦ご飯など…適量
A 煮干し…10g
ピーナツバター・白いりごま…各大さじ1
みそ…50g

作り方

1 ミキサーにA、冷水200㎖を入れ、なめらかになるまで撹拌する。

2 きゅうりは薄い半月切り、なすは薄切りにする。ともに塩少々(分量外)をふってもみ、5分ほどおく。サッと水洗いし、水けを絞る。豆腐はちぎる。

3 ボウルに1、2、いりごまを入れて混ぜ、よく冷やす。

4 3に青じそ、みょうが、万能ねぎをのせる。ご飯にかけていただく。

ご飯は温かいものを

キンと冷えた汁は、アツアツご飯にかけるのがなぜかおいしい。麦ご飯でも白飯でも、お好みのご飯でどうぞ。

巻くのではなく、卵を寄せながら厚みを出す
失敗しにくい作り方。
だしたっぷりだから、焼きたてはもちろん
冷めてもおいしくいただけます。

だし巻き卵

材料…2人分・
13×19㎝の卵焼き器

卵…4個
だし汁*…100mℓ
＊1分だし(P25参照)でも可
サラダ油…適量
A砂糖…大さじ1
片栗粉…小さじ1
塩…小さじ¼
しょうゆ…1〜2滴

先に焼いた卵の下に、新しい卵液を流して“つなげる”のが重要なポイント。

作り方

1 冷ましただし汁にAを加え混ぜる。
2 ボウルに卵を溶きほぐし、①を加え混ぜる。
3 卵焼き器にサラダ油を深さ5㎜ほど流し、熱してからボウルにあける。
4 ②をおたま1杯分入れて箸で混ぜ、半熟になったら奥へ寄せる。
5 空いたところに油を塗り、次の卵液を流す。寄せた卵の下に箸を差しこみ、傾けて卵液を焼いた卵の下に流す。手前が半熟になったら奥へ寄せる。
6 ⑤を数回繰り返してある程度厚みが出たら、同様に卵液を流し、半熟になったところで奥の卵をパタンと手前に返す。また奥へ寄せる。卵液がなくなるまで繰り返す。
7 巻きすをかぶせ、逆さにして取り出す。巻いて輪ゴムで留め、数分おく。食べやすい大きさに切って器に盛り、適宜大根おろし、青じそなどを添える。好みでしょうゆをたらして。

北満州の鍋料理「扁炉《ピエンロウ》」は
とろとろに煮えた白菜をメインにいただきます。
さっぱりしていながら滋味深く、
いくらでも食べられてしまいます。

ピエンロウ

材料…2人分
白菜…½株
豚バラ薄切り肉…200g
干ししいたけ(香信)
…4個
ごま油・塩・一味唐辛子
…各適量

作り方

1 白菜は洗い、根元に5cmほど切り込みを入れて半分にさく。大きい葉はさらに半分にさく。葉先は6～7cm、軸は5cm長さに切る。

2 鍋に①を入れ、豚肉を広げてのせる。干ししいたけは乾燥のまま手で割って加える。水800mlを加え、強火にかける。煮立ったら弱火にし、ふたを少しずらして30分煮る*。

3 白菜がとろとろになったらできあがり。各自でたれを作り(下記)、つけながらいただく。

*圧力鍋の場合は、同じ分量で加圧1分

食べる前につけだれを

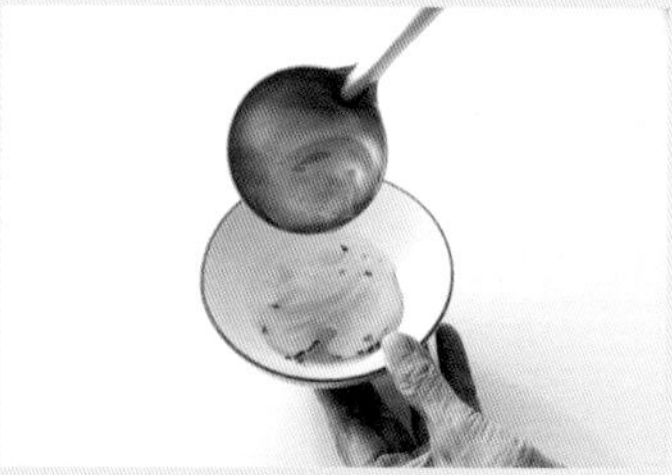

銘々の器にごま油小さじ1、塩小さじ½、一味唐辛子少々、煮汁を100mlほど入れて混ぜる。塩けをしっかりときかせるのがポイント。

私と食の思い出

1

幼いころ

右が母。東京でこそ、まだ和装と洋装が半々くらいの時代です

西洋かぶれの、ちょっと変わった両親

わが家の壁には、セピア色の写真を入れた額がいくつかかかっています。今は亡き両親のスナップ。そのうち一枚は、銀座のビルの前をおしゃべりしながら闊歩《かっぽ》する、若き日の母と叔母。昭和10年ごろの雑誌に掲載された写真なのです。ね、ハイカラでしょう？

モダンガールを絵に描いたような、美しい人でした。裕福で、ねぇややばあやがたくさんいた家に育った母は、家事のすべてが苦手。料理もしかり、です。学校のお弁当には、白いご飯の上にプレーンオムレツ(らしきもの)がボンッとのったのを持たされました。私が「卵だけじゃ嫌だっ」と言うと「贅沢な子だね」と叱られたものです。この本では、母の手料理として洋食レシピをご紹介していますが、あとから思えば毎度毎度、自ら作ってくれたわけではなかったかもしれません。指図するのは上手な人ですから、お手伝いさんや、時には私に作らせていたことも多かった。それほど、台所に立つことが少ない母でした。

戦後しばらくすると、お金さえ出せば洋食にありつける店もぽつぽつとあり、父が不在になると、すかさず私と妹を連れて出かけます。母と初めてお店で食べたビーフシチューは、今も忘れえない甘美な味。そんな記憶も手伝って、母＝洋食という印象が強くあるのです。

(写真右)スーツやコート、帽子をさらりと着こなしていた父
(写真左)私が生まれたときの写真。右は幼くして亡くなってしまった姉

一方で父はというと、これまたモダンボーイ。油彩画を描くことが生きがいで、お肉は牛肉だけ、魚や野菜もほんのわずかしか口にしない変わり者です。九州男児には珍しくお酒がてんでダメで大の甘党でしたから、日がな一日、ティータイムのようなもの。私は少し大きくなると、父のためにブラウニーやクッキーをせっせと焼きました。

父は結婚を機に東京でのサラリーマン生活をやめて故郷の福岡に戻り、戦後、八幡に小さな画材屋を開きました。鉄鋼・製鉄の街で画材なんて、ずいぶん思いきったことをしたものです。しかしふたを開けてみたら、大きな製鉄所には絵が好きな方のグループもあったようで、とても繁盛したのです(お客さんたちは、美人で話し好きのおかみさんに会いに来ているようでもありましたけれど)。戦後すぐの八幡は活気に満ち満ちていて、働く人々はみな明日への希望を胸に、意気軒昂でした。

子どもじみたロマンチストがふたり、一緒になったような両親。もめることもしょっちゅうで、家を出ていくと言う母に、私も荷物をまとめては、ほどいて……。今では懐かしく、愛おしい思い出です。かいがいしく食べさせてはくれなかった母親と偏食の父親のもとで育った私がなぜ料理を好きになったのか、少し不思議に思っていました。でもよくよく考えてみると、変わり者でも偏食でも、きっと大好きだった両親に喜んでほしくて料理を覚えたのだと、思いいたったのです。

ハイカラだった母の洋食

2

ハイカラだった私の母。
洋装で帽子もかぶって
とびっきりのモダンガール。
思い出深いのは、母が
花嫁修業で習ったという洋食です。
見よう見まねで、私も10代後半には
ひととおり作れるようになりました。
のちの洋食ブームのときには
大いに役立ち、
家族にも料理教室の生徒さんたちにも
大変好評だったんですよ。

母ゆずりの
レシピをアレンジ

スコッチエッグ

材料…２人分
ゆで卵…２個
合いびき肉…100g
玉ねぎ(みじん切り)…¼個分
パン粉…大さじ２
牛乳…小さじ２
塩・こしょう…各少々
小麦粉・溶き卵・パン粉…各適量
揚げ油…適量

【ソース】
玉ねぎ(薄切り)…⅛個分
しめじ…50g
グリーンピース(水煮)…大さじ１
カレールウ…20g

作り方

1 玉ねぎは耐熱ボウルに入れ、ふんわりとラップをかけて電子レンジで1分加熱し、冷ます。

2 別のボウルにパン粉、牛乳を入れて混ぜ、1、塩、こしょうを加えてよく混ぜる。ひき肉を加えて粘りが出るまで練る。

3 ラップを広げ、2の半量をのせる。もう1枚ラップをかぶせて押さえ、広げた手ほどの大きさにのばす。上のラップをはがし、卵1個をのせてラップごと包む。残りも同様に。

4 耐熱皿に3をのせ、電子レンジで2分加熱する*。ラップを取り、小麦粉、溶き卵、パン粉の順に衣をつける。

5 小さめの鍋に揚げ油を入れ、中温（170℃）に温める。4を衣がキツネ色になるまで揚げ、油をきる。

6 ソースを作る。しめじは石づきを落としてほぐす。鍋にカレールウ、水200㎖を入れて中火にかけ、ルウが溶けたらその他すべての材料を加える。煮立ったら2～3分煮て、味をみる。足りなければ塩少々(分量外)でととのえる。

7 器に6を入れ、5を半分に切って盛る。

＊肉ダネと卵を密着させるため

ラップを使えば、のばして包む作業がスムースで手や道具が汚れず、効率的です。

「なにソレ？」なんて言うなかれ。
ゆで卵をひき肉で包んで揚げる
れっきとした英国伝統の料理です。
大きい目玉のような切り口がおもしろいでしょう？
カレー味のソースは、ムラカミ・オリジナルです。

オムライス

"ニッポンの洋食"の代表格。
さまざまなオムライスがありますが
薄焼き卵で包むだけなら簡単です。

材料…２人分

卵…２個
ご飯…茶碗２杯分
塩・こしょう…各少々
サラダ油…小さじ２
トマトケチャップ・パセリ…各適量
A 鶏ひき肉…50g
　玉ねぎ(みじん切り)…¼個分
　マッシュルーム(水煮・薄切り)…30g
　グリーンピース(水煮)…大さじ１
　トマトケチャップ…大さじ１と½
　塩…小さじ½
　こしょう…少々
　サラダ油…大さじ１

チキンライスをのせたら、余った部分の卵をパタンと折ってかぶせるだけ。

作り方

1 耐熱ボウルにAを入れて混ぜる。ふんわりとラップをかけ、電子レンジで3分加熱する。取り出して手早く混ぜる。

2 ご飯を加え混ぜ、再びラップをかけて電子レンジで2分加熱する。取り出して混ぜ、半量を茶碗に入れておく。

3 卵を溶きほぐし、塩、こしょうを加え混ぜる。フライパンにサラダ油小さじ1を入れて弱めの中火で熱し、卵液の半量を流し入れ、全体に広げて焼く。

4 卵が固まり始めたら火を止め、中央に②をのせる。チキンライスの上に薄焼き卵の両端をかぶせる。フライパンを返して器に盛り、形をととのえる。残りの材料でもう1人分も同様に作る。トマトケチャップをかけ、パセリを添える。

レストランでいただいた長崎の名物料理を作りやすいようにアレンジしました。牛肉をこれでもか、というくらい薄くたたくのがポイントです。

材料…２人分

牛焼き肉用(赤身)…４枚(150g)
レモン(輪切り)…２枚
温かいご飯…適量
オリーブオイル…大さじ１
イタリアンパセリ…少々
Ａおろしにんにく…½片分
　砂糖…大さじ１
　レモン汁…大さじ２
　しょうゆ…大さじ１と½

レモンステーキライス

ラップをかぶせてたたくことで、たたいた肉が戻りにくく、手早くのばせます。

作り方

1 牛肉は室温に30分ほどおき、ペーパーではさんで水けを拭く。まな板に並べてラップをかぶせ、めん棒でたたいて倍ほどの大きさにのばす。

2 フライパンにオリーブオイルを入れて強火で十分熱し、①の片面だけを焼いて取り出す。

3 同じフライパンに混ぜ合わせたＡを入れて中火で熱し、煮立ったら②、レモンの輪切りを加え、ひと煮立ちしたらすぐ火を止める。

4 器にご飯を盛り、③をのせて汁を回しかける。イタリアンパセリを添える。

ビーフシチュー

材料…4人分

牛かたまり肉(すねまたはもも)
…400g
干ししいたけ(どんこ)…8個
赤ワイン…200mℓ
塩…小さじ¼
こしょう…少々
小麦粉…大さじ1
片栗粉…小さじ1
オリーブオイル…大さじ1
マッシュポテト…適量
A ハヤシルウ(フレーク)…40g
トマトケチャップ…大さじ2
しょうゆ・みりん
…各大さじ1

作り方

1 干ししいたけは水500mℓに2〜3時間浸して戻し、石づきを落とす。戻し汁はとっておく。

2 牛肉は8等分に切って塩、こしょうをふり、小麦粉をまぶす。

3 フライパンにオリーブオイルを入れて中火で熱し、②を並べる。強めの中火で全面をこんがりと焼きつけ、煮こみ用の鍋に移す。

4 同じフライパンに赤ワインを入れて強火にかけ、フライパンについた焦げなどをこそげ落とす。

5 ③の鍋に④、干ししいたけと戻し汁、水600mℓを加え、ふたをして中火にかける。煮立ったら弱火にし、1時間煮る*。

6 Aを加え、さらに10分煮る。片栗粉に水小さじ1を加え混ぜ、煮汁で溶いてから加える。とろみがついたら味をみて、足りなければ塩少々(分量外)でととのえ、火を止める。器に盛り、マッシュポテトを添える。

*圧力鍋の場合は干ししいたけの戻し汁のみで水は加えず、加圧15分

マッシュポテトの材料と作り方

じゃがいも2個は洗って皮つきのままポリ袋に入れ、口を閉じずに耐熱皿にのせて電子レンジで6分加熱する。竹串がスッと通ったら取り出して皮をむく。フードプロセッサーにピザ用チーズ20g、バター10g、牛乳70mℓとともに入れてなめらかになるまで撹拌する。鍋に移し、混ぜながら温める。

明治生まれのモダンボーイだった父。
私が子どものころは、お肉は牛肉しか口にせず
シチューやステーキが好物でした。
干ししいたけを使うのは私のアイデア。
牛肉のうまみとよく合います。

ロールキャベツ

材料…２人分
キャベツ…大４枚(200g)
片栗粉…大さじ½
A豚ひき肉…200g
玉ねぎ(みじん切り)…中１個分
パン粉…大さじ３
塩…小さじ½
こしょう…少々
Bトマトケチャップ…100mℓ
顆粒洋風スープの素…小さじ１
ローリエ…１枚

作り方

1 キャベツは軸が重ならないようにしてポリ袋に入れ、口を閉じずに耐熱皿にのせて電子レンジで３分加熱する。すぐ水にとって冷まし、ざるにあげて水けをきる。

2 ボウルにAを入れ、粘りが出るまで練る。４等分して俵形に成形する。

3 1のキャベツは軸の固い部分の厚みをそぎ取り、それを粗みじん切りにする。葉1枚の内側を上にして置き、刻んだ軸の¼量、2のタネ1個をのせ、手前と左右を内に折ってから巻く。両サイドから指でギュッと押して留める。残りも同様に、計４個作る。

4 鍋に3の巻き終わりを下にして並べる。B、水２００mℓを加え、オーブンシートをぴったりとかぶせる。浮かないように耐熱の小皿などをのせ、ふたをして強火にかける。沸騰したら弱火にして15～20分煮る。

5 キャベツがやわらかくなったら、片栗粉に水大さじ1を加え混ぜ、煮汁で溶いてから加える。とろみがついたら味をみて、足りなければ塩少々(分量外)でととのえ、火を止める。器に盛る。

昔は大鍋に湯を沸かし、丸ごとのキャベツを入れて
ゆだった外側の葉からはがす、
なんてこともしていましたが
今は栄養が損なわれないレンジ加熱で。
ケチャップ味のトマトスープでいただきます。

洋食には欠かせない副菜です。
玉ねぎもにんじんもたっぷり加えて
素材の味を楽しみます。

ポテトサラダ

材料…２人分

じゃがいも…中２個
玉ねぎ(薄切り)…¼個分
にんじん(せん切り)…¼本分
マヨネーズ…大さじ２
パセリ(みじん切り)…適量
A塩…小さじ½
　砂糖…小さじ１
　こしょう…少々
　酢…大さじ１

作り方

1 じゃがいもは洗って皮つきのままポリ袋に入れ、口を閉じずに耐熱皿にのせて電子レンジで6分加熱する。竹串を刺してみて中までやわらかくなっていたら取り出す(必要なら追加加熱する)。

2 皮をむいてボウルに入れ、フォークなどでつぶす。Aを加え混ぜ、冷ます。

3 玉ねぎ、にんじんはそれぞれ塩少々(分量外)をふってもみ、5分ほどおく。

4 3の水けを絞って2に加え混ぜる。マヨネーズを加えてあえる。器に盛り、パセリをふる。

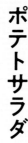

甘すぎずキリッとさわやかで
疲れたときにコリッとかじると元気が出ます。
アメリカ人の生徒さんが
「おばあちゃんの味にそっくり！」
と、絶賛してくれました。

きゅうりのピクルス

材料…作りやすい分量・2ℓの保存ビン1本

きゅうり…10本
にんじん、セロリなど…適量
塩…大さじ3
A 赤唐辛子…1本
　にんにく…1片
　ローリエ…1枚
　シナモンスティック…1本
　黒粒こしょう…小さじ1
B 砂糖…100g
　酢…350mℓ

作り方

1 きゅうりは洗って水けを拭き、乾いたビンにすき間なく詰める*。

2 鍋に水600mℓ、塩を入れて火にかけ、沸騰させる。熱いまま1に注ぐ。液がビンの口まで満たなければ作り足す。液が白くにごるまで室温に3〜4日**おく。

3 液を捨ててきゅうりを水洗いし、水けを拭く。ビンも洗って水けをきる。

4 ビンにきゅうりを戻し、間に好みの大きさに切ったにんじん、セロリ、Aを詰める。

5 鍋に水150mℓ、Bを入れて火にかけ、沸騰して砂糖が溶けたら火を止める。熱いまま4に注ぎ、1週間室温におく***。いただくときは食べやすい大きさに切る。

*ビンに入らなければ長さ、太さを半分に切っても、小さめのビンに分けてもよい
**夏季は1〜2日
***数日から食べられるが、1週間おくと味がなれてよりおいしくなる。その後は室温で2〜3カ月保存可

大学１年生の調理学実習で
ホテルの料理長から習って以来の得意料理。
息子が作ってみても味が決まらないと言うので
わざわざ教えに行ったこともありました。

オニオングラタンスープ

材料…４人分

玉ねぎ…５個
バゲット（３cm厚さ）…４枚
グリュイエールチーズ…100g
無塩バター…50g
顆粒ビーフコンソメ…小さじ１
塩・こしょう…各少々
A 無塩バター（室温に戻す）…15g
　おろしにんにく…１片分

作り方

1 玉ねぎはスライサーで薄切りにする。耐熱ボウルに入れ、ふんわりとラップをかけて電子レンジで10分加熱する。ラップをはずし、さらに10分加熱する。

2 バゲットに合わせたAを塗ってトーストする。

3 鍋にバターを入れて強火にかけ、①を加えて炒める。強火で10分、やや色づいたら弱火にして20分、こげ茶色になるまで炒める＊。

4 水1.4ℓ、ビーフコンソメを加えて中火にし、煮立ったらふたをせずに弱めの中火で15分、半量ほどになるまで煮つめる。塩、こしょうで調味する。

5 ４つの耐熱容器に④を等分に注ぎ、②を１枚ずつ、チーズを等分にのせる。オーブントースターの高温で10分焼く。

＊炒めあがったら冷蔵１カ月、冷凍６カ月保存可。すぐ作れる「オニオンスープの素」に

スライサーで薄切りにすると火の通りが均一に。このくらいの色になるまで炒めて。

クラムチャウダー

講演に呼ばれたアメリカで
「クラムチャウダーの名店があるから」と
寄り道したのは楽しい思い出。
クリーム仕立てのイングランド風です。

材料…２人分
あさり（砂抜きする）…300g
白ワイン（または酒）…大さじ２
無塩バター…12g
小麦粉…大さじ１
にんにく（みじん切り）…１片分
牛乳…200mℓ
生クリーム…100mℓ
パセリ（みじん切り）…少々
メルバトースト*…適量
*薄切り食パンをトーストし、バターを塗ったもの

A じゃがいも…½個
　にんじん…¼本
　長ねぎ…½本
　セロリ…５cm

B 塩…小さじ¼
　しょうゆ…小さじ½
　こしょう…少々

作り方

1 あさりはよく洗い、鍋に入れる。白ワインを加え、ふたをして強火にかける。煮立ったら弱火にし、5分蒸す。あさりを取り出し、蒸し汁はこしておく。あさりの⅔量は身をはずす。

2 Aの野菜はすべて1cm角の色紙切りにして耐熱ボウルに入れ、ふんわりとラップをかける。電子レンジで4分加熱する。

3 鍋にバターを入れて溶かし、にんにく、小麦粉を入れて薄く色づくまで炒める。牛乳を少しずつ加えてのばし、①の蒸し汁、②を加え、混ぜながらとろみがつくまで煮る。B、生クリームを加える。

4 ①のあさり、パセリを加え混ぜて温め、器に盛る。メルバトーストを添える。

おじいちゃんには奮発して牛ヒレ肉、
食べ盛りの息子たちにはひき肉でピカタを。
しかしこちらをつまみ食いした義父は
「よっぽどおいしい！」ですって。
甘辛のひき肉と卵で、すき焼き風の味わいです。

横着をしているようですが、これで十分おいしい。簡単だから子どもでも作れます。

材料…２人分

牛ひき肉…200g
卵…１個
サラダ油…適量
豆苗…50g（正味）
しょうゆ…小さじ½
A砂糖…小さじ１
　ウイスキー（または酒）…小さじ１
　しょうゆ…大さじ１

ひき肉のピカタ

作り方

1 直径16㎝ほどの平皿にひき肉を入れ、厚さ１㎝に平らにのばす。指で10カ所ほど穴を開け、Aを順にふりかける。その都度指で軽くなでてひき肉になじませる。

2 卵を溶きほぐし、①に回しかける。

3 豆苗は４等分してポリ袋に入れ、口を閉じずに耐熱皿にのせて電子レンジで１分加熱する。取り出して水けを絞り、しょうゆであえる。

4 フッ素樹脂加工のフライパンやホットプレートにサラダ油をひいて温める。スプーンで②を卵液ごとすくい、１杯分ずつ落とす。手早く形をととのえ、強火で焼く。底面が固まったら返して弱火にし、ふたをして２～３分焼く。器に盛り、③を添える。

両親が東京土産に持ち帰ったコーンドビーフと
缶詰のコンビーフとの違い、
おいしさに驚いたのを覚えています。
手間ひまかかりますが、
うまくできたときはうれしくなるんですよ。

材料…作りやすい分量

牛すね肉…500g
白ワイン…200mℓ
ブルーチーズ・クレソン…各適量
A砂糖…大さじ1
塩…大さじ1
硝石(硝酸カリウム)*…5g
*あれば。肉の赤い色を保つため。薬局で購入可

Bにんじん・セロリ・玉ねぎの薄切り
…合わせて50g
ローリエ…2枚
タイム…1本
粒こしょう…小さじ½
クローブ…3粒
ナツメグ…少々
砂糖…30g
塩…60g
硝石*…5g

コーンドビーフ

作り方

1 牛肉はペーパーではさんで水けを拭き、竹串やフォークでまんべんなく突いて穴を開ける。

2 Aを合わせ、1の表面にまんべんなく、粒が溶けるまですりこむ。ポリ袋に入れて口を閉じ、バットなどにのせて1kgほどの重しをのせ、冷蔵室にひと晩おく。取り出して水洗いし、水けを拭く。

3 水1ℓに塩30g(分量外)を加えて溶かし、2を浸して冷蔵室で6時間〜一昼夜ほどおく。

4 鍋に水600mℓ、Bを入れ、混ぜながら火にかけて塩を溶かし、沸騰直前で火を止める。人肌くらいに冷めたらボウルや保存容器に移し、白ワインを加える。

5 3の水けを拭き、4に浸す。厚手のペーパーをかぶせてふたをし、冷蔵室に入れて2日おく。

6 5の肉だけを鍋に入れてかぶるくらいの水を注ぎ、落としぶたとふたをして強火にかける。沸騰したら弱火で2時間ゆでる*。竹串がスッと通るほどやわらかくなったら火を止め、肉を取り出し、冷ます**。ブルーチーズ、クレソンとともに器に盛り、薄く切っていただく。

*圧力鍋の場合は、加圧15分
**すぐに食べない分はラップで包み、保存袋に入れて冷蔵4〜5日、冷凍1カ月保存可

オープンサンドに

そのままでもワインのお供になります。パンにのせても、サンドイッチにしても。

肉にほどよい塩味をつけられるかどうかがキモ。香味野菜も加えて漬けます。

ジューシーに仕上げるコツは、
塩、こしょうを二度に分けてすること。
最初から必要量をふると、
水分が出てパサパサしたハンバーグになってしまいます。

ハンバーグ

材料…２人分

牛ひき肉…200g
玉ねぎ（みじん切り）…¼個分
塩・こしょう…各少々
サラダ油…大さじ１
パセリ（みじん切り）…少々
Ａ パン粉…10g
　溶き卵…½個分
　顆粒洋風スープの素…小さじ½
　塩…小さじ¼
　おろしにんにく・こしょう…各少々
Ｂ マッシュルーム（水煮・薄切り）…50g
　ハヤシルウ（フレーク）…大さじ２
　トマトケチャップ…大さじ２
　赤ワイン…大さじ１

作り方

1 玉ねぎは耐熱ボウルに入れ、ふんわりとラップをかけて電子レンジで１分加熱し、冷ます。

2 別のボウルにＡを入れて混ぜ、①、ひき肉を加えて粘りが出るまで練る。

3 ②の半量を手に取り、左右の手のひらにたたきつけて空気を抜きながら小判形にととのえる。残りも同様に成形する。

4 バットなどにラップを敷いて③を並べ、ラップをかけて冷蔵室で５分ほどおく。

5 鍋にＢ、水１００㎖を入れて火にかけ、混ぜながら温め、ひと煮立ちしたら火を止める。味をみて足りなければ塩少々（分量外）でととのえる。

6 フライパンにサラダ油を入れて中火で熱し、塩、こしょうをふった④を並べ入れる。４分焼き、焼き色がついたら返して弱火にし、ふたをしてさらに４分焼く。中央を軽く押してしみ出た汁が澄んでいたら焼きあがり。

7 器に⑥を盛り、⑤のソースを再度温めてからかける。パセリをふる。

ミートコロッケ

材料…8個分

じゃがいも…中2個
牛ひき肉…50g
玉ねぎ(みじん切り)…½個分
塩…小さじ¼弱
こしょう…少々
サラダ油…小さじ1
小麦粉・溶き卵・パン粉…各適量
揚げ油…適量
トレビス…2枚

作り方

1 じゃがいもは洗って皮つきのままポリ袋に入れ、口を閉じずに耐熱皿にのせて電子レンジで6分加熱する。竹串を刺してみて中までやわらかくなっていたら取り出す(必要なら追加加熱する)。

2 皮をむいてボウルに入れ、フォークなどでつぶす。

3 耐熱ボウルにひき肉、玉ねぎを入れてサラダ油を回しかけ、塩、こしょうをふって混ぜる。ふんわりとラップをかけて電子レンジで3分加熱する。2のボウルに加えて混ぜ、冷ます。

4 8等分して俵形に成形する。小麦粉、溶き卵、パン粉の順にまぶす。

5 フライパンに揚げ油を深さ1.5cmほど入れて中火にかけ、中温(170℃)に温める。4を入れて強火にし、1分30秒揚げる。片面の衣がキツネ色になったら返し、もう片面も同じように色づくまで揚げる。取り出して油をきる。器に盛り、食べやすい大きさにちぎったトレビスを添える。好みでウスターソース適量(分量外)をかけていただく。

ホクホク食感のポイントは

じゃがいもを切らずに丸ごとレンジ加熱するのがポイントです。それだけで、仕上がりの食感に差が出ます。

サクサク、ホクホク、
シンプルな揚げたてコロッケは何よりのごちそう。
小判形よりも俵形にするほうが
ほっくりしたじゃがいもの魅力が感じられて
私は好きなんです。

学校のお友達や先生と。
左から３番目が私

私と食の思い出

2

少女時代

昔も今も、とにかくやってみる性分です

家事が嫌いな母ですから、戦中はさすがに無理だったようですが、戦後わりとすぐにお手伝いさんがやってきました。たいていは戦争でいろいろあった奥さん、といった風情の方です。私はお手伝いのおばさんが夕《ゆう》餉《げ》の支度をする様子を横からじっと見ては、質問したりおしゃべりしたりして、少しずつ料理を覚えたのだろうと思います。

下関から関門海峡を列車で渡って行商に来る魚屋さんから仕入れた魚を、手際よくきれいにさばく人。白菜漬けが上手な人。小粋な酒の肴風の一品を作る人。塩けがほどよくきいていて、ホクホクおいしい粉ふき豆は今でも大の好物で、それもお手伝いさんに習ったものです。しかし、まだまだ戦後の混乱の時代、それぞれ個人の事情もあったのでしょう、いただきもののお酒をこっそり飲んでしまう人や、着物やシーツを持っていってしまう人もいて、そのたびに大人たちがドタバタ、おもしろかったんですよ。子どもながら、世の中にはいろんな人がいるんだなぁと勉強になりました。

誰に言いつけられたわけでもないのになぜだか、私は家事が好きでした。新しい人が来ると母は「家のことはサチコに聞いてちょうだい」と言ってぷいと行ってしまうほど。小学校も高学年くらいになると、創刊して間もないころの『暮しの手帖』を

(写真上)私と妹。覚えたての家事が楽しくて仕方なかった
(写真左)10代後半。ゴッホ展を観に行った

読んでいろいろと試してみたり、『少女倶楽部＊』にお菓子レシピを投稿したり、魚かなにかを七輪で焼いていて、近づきすぎて前髪をちりちりにしてしまったり……。

中学1年生のとき、カクテルコンクールに応募したくてどこからだったか「赤玉ポートワイン＊＊」を手に入れ、カクテルまがいのものを作っていても、両親はわれ関せず。やめなさいともいいねとも、何も言いませんでした。結局は落選してしまいましたが、中学生が入賞するはずありませんよね(さすがにもう時効でしょう…？　どうかお赦しください)。8月の妹の誕生日には、街でいちばん上等な甘味処に連れて行き「せっちゃん、お誕生日だから何でも好きなものを頼みなさい」と言ったんだそう(私は覚えていないのです)。

10代の女の子が大人の世界に憧れるのはよくあることですが、私の場合はちょっと先にいきすぎていて、興味の矛先がまるで主婦のようでした。「三つ子の魂百まで」と言いますけれど、本当にそう。こと料理においては、とにかく何でもやってみる、やり始めたらとことん研究するという性分が、このころからずっと変わらないのです。

＊現・講談社から１９２３年に創刊された少女向け雑誌。作家では菊池寛、江戸川乱歩など、漫画家では手塚治虫、松本零士、長谷川町子などが執筆

＊＊現商品名は「赤玉スイートワイン」。１９０７年発売のサントリー製甘口ワイン

3 研究を重ねて50年。電子レンジ料理

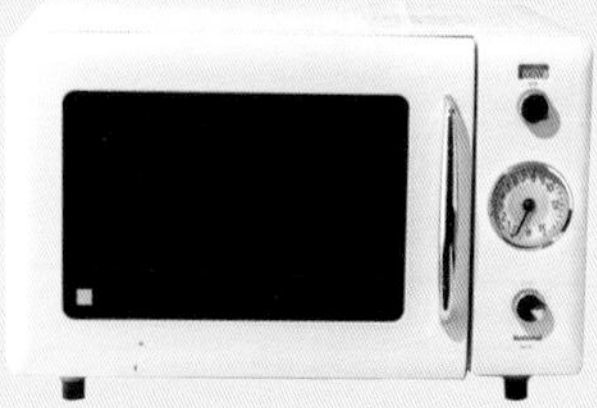

私にとって電子レンジは、
おかずやおやつ、パンまで作れる
魔法のような調理道具です。
50年の研究でわかったのは
煮魚や魚介のおかずと
とっても相性がいいということ。
すばやく内側から加熱するから
臭みが出にくく、1～2人分なら
ごく短時間でサッと作れます。
もちろん、野菜の下処理や
副菜づくりにも便利です。

レンジをフル活用
しましょう！

本章では、電子レンジだけで作れる魚介のおかずと、野菜を中心とした副菜レシピをご紹介します。電子レンジの使い方のポイントは7ページをご参照ください。

レンジ料理研究の過程でふと生まれたレシピです。
シアトルの友人宅でふるまったら、大好評。
具はサーモンとムール貝でしたが
ゲストが包むのを手伝ってくれて
盛大なアクアパッツァ・パーティになりました。

鯛とあさりのアクアパッツァ

材料…2人分

鯛の切り身…2切れ
あさり(砂抜きする)…100g
玉ねぎ(薄切り)…¼個分
セロリ…¼本
ミニトマト…8個
黒オリーブ(輪切り)…12枚
塩・こしょう…各少々
オリーブオイル…小さじ2
レモン(くし形切り)…2切れ

作り方

1 鯛は皮に1本切り目を入れる。あさりはよく洗う。セロリは5㎝長さの薄切りにする。

2 約25㎝角のオーブンシートを2枚用意する。中央に玉ねぎ、セロリを半量ずつのせ、上に鯛を1切れずつのせて塩、こしょうをふる。あさり、ミニトマト、オリーブも半量ずつのせる。

3 ペーパーの対角を持ち上げて中央で合わせてねじり、余った角はねじってボート形にする。耐熱皿にのせ、電子レンジで6分加熱する。

4 器にのせ、ペーパーを開いてオリーブオイルを回しかけ、レモンを添える。

鯛の皮が加熱ではじけてしまうのを防ぐため、皮にスッと切り目を入れておきます。

密閉する必要はなく、蒸気の逃げ道を作りつつ、ふんわり包めばOKです。

炒めるよりもグッと手軽。
風味づけ程度にしか油を使わないので、
ヘルシーさも満点です。

材料…2人分
殻つきえび(無頭)…10尾
長ねぎ…10cm
きゅうり(乱切り)…½本分
A トマトケチャップ…大さじ3
豆板醤…小さじ½
おろしにんにく…小さじ¼
片栗粉・ごま油…各小さじ1
酒…大さじ1
水…大さじ3

えびのチリソース

作り方

1 えびは尾側を少し残して殻の背をはさみで切り、背ワタを除く。尾は端を斜めに切る。足は落とす。

2 耐熱ボウルに[1]、水100mlを入れ、ふんわりとラップをかけて電子レンジで2分加熱し、ざるにあげる。

3 長ねぎは1cm幅の斜め切りにする。耐熱ボウルにAを入れて混ぜ、[2]、長ねぎを加える。ふんわりとラップをかけて電子レンジで4分加熱する。

4 取り出してよく混ぜてから器に盛り、きゅうりを添える。

本場では油に通して臭みを抜くこともありますが、レンチン湯通しでも十分。

電子レンジは内側から温まるのが特徴。
火が通りにくい“子”の部分から加熱されるので、
生煮えの心配がありません。
安心かつ、おいしく仕上がります。

材料…２人分
子持ちかれい…２切れ(240g)
長ねぎ(白い部分)…10㎝
A しょうが(皮つき・薄切り)…２～３枚
しょうゆ・砂糖・酒…各大さじ２

かれいの煮つけ

作り方

1 長ねぎは長さを半分に切り、表面に切り目を入れて開く。芯を除き、繊維に沿ってごく細いせん切りにする。冷水にさらし、パリッとしたらざるにあげる。

2 かれいは中骨に沿って骨にあたるまで切り目を入れる。

3 耐熱皿にAを入れ、混ぜて砂糖を溶かす。②を加え、何度か返して調味料をまぶし、切り目を入れた面を下にして置く。ふんわりとラップをかけて電子レンジで6分加熱する。

4 器に盛って煮汁をかけ、①を添える。

一人暮らしの方にとても喜ばれるレシピ。
さばの臭み成分が出る隙を与えず
レンジが加熱してくれるので
下処理しなくても生臭くなりません。

さばのみそ煮

材料…2人分
さば(半身)…1枚
ピーマン…2個
Aみそ・砂糖・酒…各大さじ2

作り方

1 さばは骨を除き、皮の中骨の位置に切り目を入れてから半分に切る。ピーマンは種とワタを除き、縦4等分に切る。

2 小さめのボウルにAを入れ、よく混ぜてみそ、砂糖を溶かす。

3 耐熱皿に皮を上にしてさばを置き、2をかける。ピーマンを添えてふんわりとラップをかけ、電子レンジで3分加熱する。器に盛り、煮汁をかける。

少量の煮汁で効率よく仕上げるため、
落としぶたならぬ“落としラップ”をして
味をいきわたらせます。

いわしのしょうが煮

材料…2人分

いわし(頭と内臓を除く)…中4尾

Aしょうが(せん切り)…½かけ分
　砂糖・しょうゆ・酢…各大さじ2

作り方

1 いわしは皮に×印の切り目を入れる。

2 耐熱ボウルにAを入れて混ぜ、砂糖を溶かす。1を加えて尾の先まんべんなく調味料をまぶし、しょうがをのせる。

3 2の表面にぴったりとラップをかぶせ、さらにボウルの口にふんわりとラップをかけて電子レンジで6分加熱する。器に盛り、煮汁をかける。

レンジ加熱でも、炒めたような
シャキシャキの歯ざわり

ピーマンのじゃこ炒め

材料…2人分

ピーマン…5個

A ちりめんじゃこ…大さじ2
しょうゆ・ごま油…各小さじ1
七味唐辛子…少々

作り方

1 ピーマンは半分に切って種とワタを除き、細切りにする。

2 耐熱ボウルにAを入れて混ぜ、1を加え混ぜる。ふんわりとラップをかけて電子レンジで1分30秒加熱する*。

*固めの仕上がり。やわらかめなら3分加熱

白菜の煮びたし

煮干しのうまみを吸った白菜が
しみじみおいしい

材料…2人分

白菜…大2～3枚(200g)

小さめの煮干し…大さじ1

しょうゆ・酒…各小さじ2

おろししょうが…½かけ分

作り方

1 白菜は葉と軸に分け、葉はざく切りに、軸は1㎝幅の斜め切りにする。

2 耐熱ボウルに1、煮干しを入れ、しょうゆ、酒を回しかける。ふんわりとラップをかけて電子レンジで4分加熱する。汁ごと器に盛り、おろししょうがを添える。

雷と同じで、尖ったところに
電磁波が集まって火が通ります

乱切りふろふき大根

材料…2人分
大根…8㎝(200g)
A ゆずの皮(みじん切り)…小さじ½
みそ・砂糖…各大さじ1
ゆずの果汁…小さじ1

作り方
1 大根は縦4等分に切ってから、5～6㎝長さの乱切りにする。ポリ袋に入れて口を閉じずに耐熱皿にのせ、電子レンジで10分加熱する。
2 ボウルにAを入れてよく混ぜる。
3 器に1を盛り、2をかける。

もやしのピリ辛あえ

材料…2人分
もやし…1袋(200g)
A 赤唐辛子(粗みじん切り)…少々
顆粒鶏ガラスープの素…小さじ½
しょうゆ・酢・ごま油…各小さじ1

作り方
1 もやしはたっぷりの水に入れてグルグル回しながら洗い、すくってざるにあげる。これを3回繰り返す(ひげ根と臭みを除く)。
2 ポリ袋に入れ、口を閉じずに耐熱皿にのせ、電子レンジで2分加熱する。
3 ポリ袋の端を切ってたまった水を捨て、ボウルに入れる。熱いうちにAを加えてあえる。

中華鍋でジャッと炒めたのと
遜色ない仕上がり

おからを油炒めすると吸いこんで
しつこくなってしまいがち。
油なしの、ふわふわ軽いおから煮は
豆の香りが引き立ち、低カロリーです。

おから煮

材料…２人分

生おから…100g
こんにゃく…¼枚
油揚げ…１枚
にんじん…½本
しいたけ…8個
万能ねぎ(小口切り)…１本分
Ａちりめんじゃこ…大さじ２
砂糖…大さじ２
しょうゆ・ごま油…各大さじ１

作り方

1 こんにゃくは粗みじん切りにし、サッとゆでる。油揚げは短辺を半分に切ってから細切りにする。にんじんはいちょう切りにする。しいたけは薄切りにする。

2 耐熱ボウルに1、Ａを入れて混ぜ、おからを加えてさらによく混ぜる。

3 ラップをかけずに電子レンジで8分加熱する。取り出して万能ねぎを加え混ぜる。

こんにゃくはお腹の掃除をしてくれるからと、
毎日のように食卓に上った「かか煮」。
冷凍庫がまだなかった子どものころ、
「凍みこんにゃくで作るともっとおいしいのよ」と
母が言っていました。

凍《し》みこんにゃくのかか煮

材料…２人分
こんにゃく…１枚
削り節…小１パック
A 赤唐辛子(輪切り)…１本分
　砂糖・ごま油…各小さじ１
　しょうゆ・酒…各大さじ１

作り方

1 こんにゃくはスプーンでひと口大にかき取る。ポリ袋に入れて口を閉じ、冷凍室でひと晩凍らせる。
2 耐熱ボウルに①を入れ、ふんわりとラップをかけて電子レンジで４分加熱し、ざるにあげる。
3 ボウルの水けを拭いて②を戻し、Aを加え混ぜる。ラップをかけずに電子レンジで４分加熱する。
4 別の耐熱ボウルに削り節を入れ、ラップをかけずに電子レンジで30秒加熱する。手でもんで細かくし、③に加えてまぶす。

削り節はレンジ加熱して乾燥させると風味と香りがアップ。

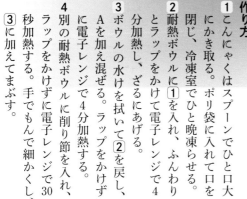

ほうれん草のごまあえ

ごまあえも
レンジ調理で簡単に
作れますよ

材料…2人分

ほうれん草…小1わ(150g)
白すりごま…大さじ2
A砂糖…小さじ1
　うまみ調味料…ひとふり
　しょうゆ…小さじ2

作り方

1 ほうれん草は根元が太い場合は十字に切りこみを入れる。ポリ袋に入れ、口を閉じずに耐熱皿にのせ、電子レンジで3分加熱する。
2 水にとって冷まし、固く絞ってから1.5㎝長さに切る。
3 再度絞ってボウルに入れ、Aを加えてあえる。すりごまを加え混ぜる。

キャベツのXO醤あえ

うまみたっぷりのXO醤が
味の決め手

材料…2人分

キャベツ…⅛個(150g)
XO醤…大さじ1
こしょう…少々
ごま油…小さじ1

作り方

1 キャベツは固い芯を除き、ざく切りにする。
2 耐熱ボウルに1を入れる。XO醤をのせてこしょうをふり、ごま油を回しかける。ふんわりとラップをかけて電子レンジで3分加熱する。
3 取り出して汁けごと器に盛る。

母がよく作ってくれた
あま〜いマッシュポテト。
スキムミルクを使います

ミルクポテト

材料…2人分

じゃがいも…中1個
粗びき黒こしょう…少々
A スキムミルク…20g
　砂糖…大さじ1
　塩…ひとつまみ
　牛乳…大さじ2

作り方

1 じゃがいもは洗って皮つきのままポリ袋に入れ、口を閉じずに耐熱皿にのせて電子レンジで3〜4分、やわらかくなるまで加熱する。
2 皮をむき、ポリ袋に戻す。袋の上からめん棒を転がしてつぶす。
3 ボウルに移してAを加え混ぜる。器に盛り、黒こしょうをふる。

ニラのからしじょうゆ

材料…2人分

ニラ…1わ
白いりごま…少々
A しょうゆ・酢…各小さじ1
　からし…小さじ½

とってもシンプル。
ニラのおいしさを
めいっぱい味わえます

作り方

1 ニラは長さを半分に切り、ポリ袋に入れて口を閉じずに耐熱皿にのせ、電子レンジで1分30秒加熱する。
2 水にとってあら熱をとり、水けを絞る。4cm長さに切る。
3 器に盛り、混ぜ合わせたAをかけ、いりごまをふる。

ずいぶん昔に公開されていた
老舗洋食屋さんのレシピをアレンジ。
レンジでちょっと加熱するだけで
野菜のうまみ、甘みが増します。

コールスロー

材料…2人分

キャベツ…1/6個(200g)
にんじん(せん切り)…1/5本分
玉ねぎ(薄切り)…1/4個分
塩…小さじ1/2
砂糖…小さじ1
A パセリ(みじん切り)…少々
　こしょう…少々
　酢・サラダ油…各大さじ1

作り方

1 耐熱ボウルににんじん、玉ねぎを入れ、塩、砂糖をふる。ふんわりとラップをかけて電子レンジで1分加熱する。そのまま冷ます。

2 キャベツは4cm長さのせん切りにし、サッと洗ってざるにあげる。

3 1に2、Aを加えて混ぜる。

軽くレンチンして
歯ごたえを残しつつしんなり

キャロットラペ

材料…2人分
にんじん…1本
塩…小さじ1/4
こしょう…少々
白ワインビネガー・オリーブオイル
…各小さじ1

作り方
1 にんじんはせん切りスライサー（なければ包丁）で6〜7cm長さのせん切りにする。
2 耐熱ボウルに1、塩、こしょうを入れて混ぜ、白ワインビネガー、オリーブオイルを回しかける。
3 ラップをかけずに電子レンジで1分30秒加熱する。よく混ぜてから器に盛る。

しめじのクリーム煮

材料…2人分
しめじ…1パック（150g）
小麦粉…小さじ1/2
塩…小さじ1/5
こしょう…少々
生クリーム…100mℓ
パセリ（みじん切り）…少々

作り方
1 しめじは石づきを落とし、小房に分ける。
2 耐熱ボウルに1を入れ、塩、こしょう、小麦粉をふって混ぜる。
3 生クリームを回しかけ、ふんわりとラップをかけて電子レンジで3分加熱する。よく混ぜてから器に盛り、パセリをふる。

ホワイトソースを作らなくても
簡単、おいしいクリーム煮です

33歳で料理家としてデビュー。社宅での料理教室経験が活きました

私と食の思い出

3

16回の転勤・引っ越し

おつきあいは、いつも食から

大学を出てすぐ、自分でも思いもよらないほど早くに結婚することになりました。そして3人の子を産み育てながら16回も、夫の転勤による引っ越しを経験。さぞかし大変だったろうとお思いかもしれませんね。もちろん、転居にかかる作業は大変でしたが、どこに行ってもすぐに「食べる」ことを通しておつきあいが始まり、面倒な引っ越し以上に得るものが多かったと今は思うのです。

東京・中野坂上の社宅に住んでいた1969年、夫の会社の後輩にMさんという方がいました。奥さんのアンさんはアメリカ人で、ぜひ日本料理を教えてほしいと懇願され、彼女のアメリカンクラブのお仲間を集めて料理教室をやることに。全員、日本人の夫を持つアメリカ人女性ですが、私のつたない英語を黙って聞くのが絶対条件。私はみそ屋さんに足を運び、何種類もみそを買いこみました。「あなたのご主人はどこのご出身?」と尋ね、宮城なら仙台みそを、長野なら信州みそを、といった具合にすすめながら、みそ汁の作り方を教えます。これが、大好評。おうちで作ったら旦那さんがえらく感激したと声をそろえて言ってくれました。

白人女性が群れをなしてやってくるので噂はすぐに広まって、社宅の奥さんたちにも教えるようになりました。しかし料理教室の最中は子ど

（写真右）40代前半。子ども時代と同じ北九州・八幡に住んでいたときのもの
（写真上）50歳ごろ、スタジオで。撮影スタッフとも、食がつないでくれた出会いのひとつです

もの面倒を見ることができません。そこで、社宅で同じく3人の子どもがいるピアノの先生を見つけて声をかけ、子どもを預かり合うことを提案。彼女も「いいわね！」と、交渉成立。週に1回、お互いの料理教室とピアノのレッスン日には、ワイワイと0～4歳の子ども計6人の保育園を開いていました。

3人目の出産に備え、おかずをあれこれ作りおこうと購入した大型冷凍庫。社宅の54軒中、冷凍庫があるのは村上家だけです。牛乳パックにバニラアイスクリームを作り、マシュマロやフルーツも入れて冷凍していました。あるとき、リンリンとおもちゃの電話が鳴ります（ベランダづたいにピアノの先生宅とうちをつないでいたのです）。「あさ子をやります。アイスクリームを分けて！」買い物かごを提げて現れた4歳のあさ子ちゃん。かごの中には百円玉が1枚。牛乳パックごと包丁で切って渡すと、あさ子ちゃんはわが家目指してかけ戻ります。アイスクリームだけではありません。奥さんたちはぬか漬けをきらすと、子どもに生の野菜を持たせてうちによこします。私はそれを受け取って漬ける代わりに、ぬか床からいい塩梅に漬かったものを取り出して渡したものです。

そんなふうに、いつもどこでも、料理が私と人の心をつないでくれました。転居のたびにおつきあいの輪が広がり、友達がどんどん増えました。何年経っても、思い出の料理を作ると「あの方はお元気かな」と対話しているような気持ちになるのです。

ハレとケのご飯と汁もの

4

炊きたてのご飯の香りを
胸いっぱいに吸いこむとき
日本人でよかった、と
しみじみ感じます。
ハレには赤飯やおすしを、
ケには「一汁一菜」、つまり
おかずと汁、飯の献立を。
日本人はお米を
とても大切にしてきましたし、
次の世代にもそうあってほしい
心から思います。

おいしいご飯を
食べましょう！

ちらしずし

材料…2人分

むきえび…6尾
卵…1個
サラダ油…少々
万能ねぎ(小口切り)・刻みのり…各少々

【酢飯】
米…1合
A 酢…大さじ2
砂糖…大さじ1
塩…ひとつまみ

【かやく】
冷凍和風野菜ミックス*(市販)…100g
*れんこん、たけのこ、にんじん、しいたけ、里いも、いんげん
B 鶏こま切れ肉…50g
砂糖・しょうゆ・酒…各小さじ1

作り方

1 米はといで炊飯器に入れ、1合の線まで水を注ぎ、15分おいてから炊く。炊きあがったらAを加え混ぜ、平皿などにあけて冷ます。

2 耐熱ボウルにペーパーを敷き、和風野菜ミックスを入れ、ふんわりとラップをかけて電子レンジで2分加熱する。ペーパーごと野菜を取り出し、ボウルの水けを拭いて野菜を戻す。

3 Bを加え混ぜ、ふんわりとラップをかけてさらに3分加熱する。取り出して汁けをきり、フードプロセッサーでみじん切りにする*。

4 卵を溶きほぐし、塩少々(分量外)を加える。フライパンを温めて薄くサラダ油を塗り、卵液を流して薄焼き卵を焼く。4～5cm長さの細切りにする。

5 むきえびは背ワタを除き、サッとゆでて水けをきる。

6 ボウルに1、3を入れて混ぜ合わせ、器に盛る。4、刻みのりを散らし、5を飾る。万能ねぎをふる。

*フードプロセッサーがなければ包丁で細かいみじん切りにする

かやくは和風野菜ミックスが便利です。手に入らなければ好みの野菜2～3種で。

小学校時代を過ごした疎開先では
学年末の「免状祝い」にちらしずしが出ました。
取り立てて豪華ではないけれど、
ピンクや黄色で飾られたご飯は
子ども心に美しく映りました。
すし飯のかやくに鶏肉でコクを出すのが特徴です。

刺身ににんにくじょうゆをからませて
熱いおつゆをジャッとかける！　ただそれだけ。
刺身の半生食感やピリッとくるにんにく、
あさりのおだしがたまらなくおいしいのです。

あさりの汁かけご飯

はじめは刺身をめがけて熱い汁をかけます。表面が白くなったらまわりのご飯に。

材料…2人分

温かいご飯…茶碗2杯分
刺身（ぶり、まぐろ、鯛など）…100g
あさり（砂抜きする）…150g
酒…小さじ1
塩…少々
万能ねぎ（小口切り）…4本分
A おろしにんにく…½片分
しょうゆ…大さじ1
酒…大さじ½

作り方

1 ボウルにAを入れて混ぜ、刺身を加えてあえる。5分ほどおく。

2 あさりはよく洗って鍋に入れ、水400mℓを加えて強火にかける。口が開いたらアクを取り、酒、塩で調味する。ごく弱火にする。

3 器にご飯を半量ずつ盛る。それぞれ1と2のあさりをのせ、万能ねぎを散らす。熱い汁をかける。

切るだけ、混ぜるだけでごちそうになる
タルタルステーキをヒントにして、
まぐろでタルタル丼に。薬味とレモンがきいてます。

まぐろのタルタルご飯

材料…2人分

温かいご飯…茶碗2杯分
まぐろの刺身(赤身)…100g
玉ねぎ(みじん切り)…大さじ1
塩…ひとつまみ
こしょう…少々
オリーブオイル…大さじ2
レモン汁…小さじ1〜2
粗びき黒こしょう…少々
A きゅうりのピクルス(小)…2本
　にんにく…1片
　バジル(または青じそ)…10枚
　黒オリーブ(輪切り)…10枚

作り方

1 まぐろは7〜8㎜角に切る。
2 Aの材料はすべてみじん切りにする。
3 ボウルに1、2、玉ねぎを入れ、塩、こしょうをふる。オリーブオイル、レモン汁を回しかけて手早く混ぜる。
4 器にご飯を半量ずつ盛る。それぞれ3をのせる。黒こしょうをふり、混ぜながらいただく。

鶏胸肉のひき肉をピリ辛味の常備菜に。
生クリームを少し加えてまろやかに仕上げます。
ビビンバは料理教室で大人気です。

鶏みそそぼろ

材料…作りやすい分量

鶏胸ひき肉…200g
生クリーム…大さじ1
ごま油…小さじ1
A赤みそ・砂糖…各50g
おろししょうが…½かけ分
一味唐辛子…小さじ¼
しょうゆ・みりん・酒…各大さじ1

作り方

1 鍋にごま油、ひき肉を入れて中火にかけ、色が変わるまでほぐしながら炒める。

2 Aを加えて汁けが飛ぶまで混ぜながら炒める。生クリームを加え混ぜて火を止める。保存容器に入れ、あら熱をとる*。

*冷蔵1週間、冷凍1カ月保存可

「鶏みそそぼろ」を使って そぼろビビンバ

材料…2人分

温かいご飯…茶碗2杯分
鶏みそそぼろ…大さじ4
水菜…4本
貝割れ菜…8本
赤・黄パプリカ…各20g
キムチ…20g
ミニトマト…2個
大根漬け*・もみのり…各適量

*大根をいちょう切りにしてポリ袋に入れ、白だしと酢で1時間漬けたもの。市販品でも可

作り方

1 水菜は根元を落とし、4cm長さに切る。貝割れ菜は長さを半分に切る。キムチは1.5cm角に切る。パプリカは細切りにする。フライパンにごま油少々(分量外)を入れて中火で熱し、パプリカをサッと炒める。

2 器にご飯を半量ずつ盛る。それぞれにすべての具材を等分にのせる。

小学校から戻った息子が
「おいしそう、ちょうだい！」とパクリ。
おじいちゃんも呼んできて、２人してパクパク。
夕飯にとても足りなくなり、
息子にお揚げを買いに行かせて仕切り直しましたとさ。

いなりずし

材料…10個分
米…1.5合
油揚げ(正方形)…5枚
青じそ…5枚
しょうが(みじん切り)…1かけ分
白いりごま…大さじ1
Aちりめんじゃこ…大さじ4
　砂糖…大さじ1
　酢…大さじ2
B砂糖…大さじ3
　だし汁*…150mℓ
　*1分だし(P25参照)でも可
　しょうゆ・みりん…各大さじ1

作り方

1 米はといで炊飯器に入れ、1.5合の線まで水を注ぎ、15分おいてから炊く。

2 鍋に湯を沸かし、油揚げを入れて浮かないように押さえながら5分ゆで、ざるにあげる。水洗いして固く絞る。

3 2をまな板にのせ、めん棒を転がして軽くつぶし、斜め半分に切って開く。鍋に並べ入れ、Bを加えて火にかけ、落としぶたをして弱めの中火で煮汁がなくなるまで煮る。形をととのえて重ね、冷ます。

4 青じそは5㎜角の粗みじん切りにし、水にさらしてから絞る。

5 ご飯が炊きあがったら混ぜ合わせたAを回しかけてサッと混ぜ、ふたをして2〜3分おき、蒸らす。バットにあけて切るように混ぜ、あおいであら熱をとる。

6 5にしょうが、いりごま、4を散らして混ぜ、10等分して三角形に軽くにぎっておく。

7 3のいなり揚げの口を広げて6を入れ、指先で軽く押しながら隅まで詰める。揚げの余ったところを内側に折り、指でグッと押して形をととのえる。

きれいな三角形のいなりにするためには、頂点の角にしっかりと酢飯を詰めること。

←

包み終わりはお揚げの端を重ねてグッと押す。形をキープしやすくなります。

巻きすがなくても大丈夫。
重石をのせて長時間おく必要もありません。
ラップで包んでグイグイ押して
さばと酢飯を密着させればいいんです。

さばずし

材料…2人分
しめさば(市販品でも可)…1枚
温かいご飯…220g
白いりごま…小さじ1
からし…少々
青じそ…適量
A砂糖…小さじ1
　塩…少々
　酢…大さじ1

作り方

1 しめさばは頭側から薄皮をひき、骨を除く。中骨の位置に厚みの半分まで包丁を入れ、左側に包丁を寝かせて身をそぎ取る(身の厚さを半分にする)。右側も同様に。

2 Aを合わせてよく混ぜる。ご飯にかけて混ぜ、いりごまを加え混ぜる。ラップで包んでまとめ、軽く押して空気を抜く。

3 ラップを広げ、1の皮つきのさばを皮を下にしてのせる。尾側の両脇に1でそぎ取った身を置く。中央にからしを塗りつける。

4 2をのせて均一に広げ、ラップでぴったりと巻く。端をねじりながら押し(右下写真)、両端をねじってテープなどで留め、10分おく。

5 ラップのまま好みの厚さに切る。ラップを取り、青じそを敷いた器に盛る。

しめさばの材料と作り方

生さば半身2枚は中骨、腹骨を除く。塩大さじ1をまぶしてラップで包み、室温に15分おく。バットに酢大さじ3を入れ、15cm長さの昆布3枚を浸し、軽く濡らして取り出す。さばをサッと水洗いして酢のバットに入れ、ときどき返しながら15分おく。ラップを広げ、昆布とさばを交互に重ねて包む。ポリ袋に入れて口を閉じ、冷蔵室にひと晩おく。

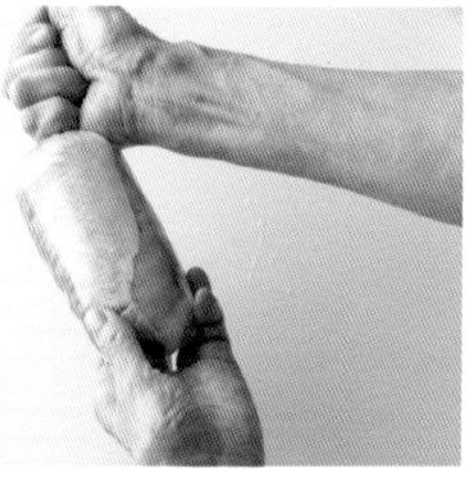
ラップの片側の端を持ち、もう一方をねじりながらググッと圧力をかけていきます。

酢じめは魚のうまみを凝縮させ、
鮮度を保つ昔ながらの知恵。
刺身とは違う味わいで、酢飯にぴったりです。

材料…2人分
酢飯(P92参照)…茶碗2杯分
白いりごま・刻みのり…各適量
【あじの酢じめ】
あじ(三枚おろし)…中1尾分
塩…小さじ½
酢・酒…各大さじ1
A おろししょうが…小さじ1
おろしにんにく…小さじ¼
しょうゆ・酒…各小さじ1

あじの酢じめご飯

作り方

1 あじは骨を抜く。バットに塩の半量をふり、あじを並べる。残りの塩をふり、10分おく。

2 サッと水洗いし、水けを拭く。バットに酢、酒を入れて混ぜ、あじを浸してさらに10分おく。

3 2の水けを拭き、皮をはぎ、食べやすい大きさのそぎ切りにする。

4 ボウルにAを入れて混ぜる。

5 器に酢飯を半量ずつ盛る。3を半量ずつのせ、4をかける。いりごまをふり、刻みのりをのせる。

あじのアラで「潮汁」

1尾のあじをさばいた場合はアラが出ます。汁ものでムダなくいただきましょう。サッと湯通ししてからみそ汁に。

**福岡で辛子高菜といえば、
ラーメンのお供の定番。
ゆで豚と合わせてどんぶりに**

豚肉と辛子高菜のご飯

材料…2人分
温かいご飯…茶碗2杯分
豚ロース薄切り肉…100g
高菜漬け…100g
赤唐辛子(輪切り)…小さじ1
砂糖・しょうゆ・ごま油…各大さじ1
白いりごま…少々

作り方
1 高菜漬けは水洗いして軽く絞り、粗みじん切りにする。さらに水けを絞る。
2 フライパンにごま油、赤唐辛子を入れて中火で熱し、1を加えて炒める。油が回ったらしょうゆ、砂糖、ごまを加えてサッと炒める。
3 豚肉は1.5cm幅に切る。鍋に湯を沸かし、豚肉をサッとゆでて冷水にとり、ざるにあげる。
4 器にご飯を半量ずつ盛る。それぞれ2、3をのせる。

焼きおにぎり

材料…大きめ・約8個分
炊きたてのご飯…3合分
A砂糖…大さじ1
しょうゆ…大さじ3
酒…大さじ5

**たれを混ぜてにぎると
しっかりと味がつきます**

作り方
1 鍋にAを入れ、中火にかける。半量ほどになるまで煮つめる。
2 ご飯に1を回しかけ、色が均一になるまで混ぜる。8等分し、濡らした手で三角ににぎる*。
3 フッ素樹脂加工のフライパンに入れ、弱めの中火にかける。底面に焼き色がついたら返し、同様に焼く。

*冷凍で1カ月保存可。電子レンジで1個につき40秒加熱して解凍し、同様に焼く

福岡の「かしわめし」。
宮崎の鶏飯やほかの鶏めしとも違い、
鶏スープで炊いたご飯の上に
汁けのない鶏の当座煮がのったものです。
地元では駅弁としても人気なんですよ。

かしわめし

「かしわ」は作りおいても

甘辛味がしっかりしみていて、食べごたえは十分。お弁当のおかずにしたり、卵焼きに入れたりしてもおいしい。

材料…4人分

米…2合
鶏もも肉・鶏胸肉…各150g
卵…1個
塩…小さじ½
サラダ油…少々
もみのり・紅しょうが…各適量
A 砂糖…30g
　みりん・しょうゆ…各50mℓ

作り方

1 鍋に水1ℓを沸かし、鶏肉を入れて中火にかけ、沸騰したらアクを取る。ふたをして弱火で10分ゆでて火を止め、そのまま冷ます。

2 鶏肉を取り出して水けを拭き、2cm角に切る。ゆで汁はとっておく。

3 鍋にA、2を入れて強火にかけ、煮汁がほとんどなくなるまで煮る。ざるを重ねたボウルにあけ、したたり落ちた煮汁はとっておく。

4 米はといで炊飯器に入れる。2合の線まで2のゆで汁を注ぎ、3の煮汁、塩を加え混ぜ、15分おいてから炊く。

5 卵を溶きほぐし、塩少々（分量外）を加える。フライパンを温めて薄くサラダ油を塗り、卵液を流して薄焼き卵を焼く。食べやすい長さの細切りにする。

6 器に4を盛り、3の鶏肉、5、もみのり、紅しょうがをのせる。

いわしのつみれ汁

小骨が多いけれど、栄養満点のいわし。
つみれ汁にすれば、
小さな子どもでも好んで食べてくれます。

材料…2人分

大根(乱切り)…4cm分
にんじん(乱切り)…5cm分
ごぼう…6cm
みそ…小さじ2
みりん…小さじ1
長ねぎ(薄い斜め切り)…5cm分
お好みのだし汁*…320mℓ
Aいわしの身…2尾分(100g)
　しょうが汁…小さじ½
　片栗粉…大さじ1
　塩…小さじ¼
　こしょう…少々

*昆布のみのだしでも十分です。
以下P107、P109同。

作り方

1 ごぼうはささがきにし、水にさらしてざるにあげる。耐熱ボウルに大根、にんじん、ごぼうを入れ、ふんわりとラップをかけて電子レンジで3分加熱する。

2 Aをフードプロセッサーに入れ、10秒ほど撹拌する。

3 鍋にだし汁を入れ、中火にかける。煮立ったら2をスプーンですくって落とす。

4 再度煮立ったらアクを取り、中火で7分煮る。1、みりんを加える。さらに2～3分煮たらみそを溶き入れ、沸騰直前で火を止める。器に盛り、長ねぎを散らす。

地方によって具や味つけがいろいろです。
わが家ののっぺいは鶏肉と根菜の
いついただいてもホッとする味。

のっぺい汁

材料…２人分
鶏こま切れ肉…50g
木綿豆腐…小½丁(100g)
にんじん…5㎝
里いも…２個
みそ…大さじ１と½
お好みのだし汁…300㎖
万能ねぎ(小口切り)…４本分

作り方
1 にんじんは２㎜厚さ、里いもは１㎝厚さの輪切りにする。豆腐は1.5㎝角に切る。
2 鍋にだし汁、鶏肉、にんじん、里いもを入れて強火にかける。煮立ったらアクを取り、中火で7分煮る。
3 豆腐を加えてみそを溶き入れ、沸騰直前で火を止める。器に盛り、万能ねぎを散らす。

けんちんは精進料理ですから、
かつおだしなどは使いません。
油で炒めてコクを出します。

けんちん汁

材料… 2人分
木綿豆腐…小½丁(100g)
こんにゃく…50g
れんこん… 3㎝
長ねぎ(小口切り)…½本分
ごま油…小さじ2
しょうゆ・酒…各大さじ1
七味唐辛子…適量

作り方

1 こんにゃくは2～3㎝長さの短冊切りにし、サッとゆでてざるにあげる。れんこんは2㎜厚さのいちょう切りにし、水にさらしてからざるにあげる。長ねぎは小口切りにする。

2 鍋にごま油を入れて中火で熱し、豆腐を入れてつぶしながら炒める。水けが飛んだらこんにゃく、れんこんを加えて炒める。

3 水300㎖を加えて強火にし、煮立ったらアクを取る。中火で7分煮る。

4 れんこんがやわらかくなったらしょうゆ、酒を加える。ひと煮立ちさせ、長ねぎを加えて火を止める。器に盛り、七味唐辛子をふる。

豚汁はたくさん作ったほうがおいしいというのが持論。
2倍、3倍で作ってもいいと思います。
意識しないとつい、油をとりすぎてしまいがちなので
私はいつも炒めずに作っています。

豚汁

材料…2人分
豚ロース薄切り肉…50g
木綿豆腐…小½丁（100g）
にんじん…5㎝
ごぼう…7㎝
みそ…小さじ2
お好みのだし汁…350㎖
万能ねぎ（小口切り）…2本分

作り方

1 にんじんは2㎜厚さの輪切りにする。ごぼうはささがきにし、水にさらしてざるにあげる。豆腐は1.5㎝角に切る。豚肉は3㎝長さに切る。

2 鍋にだし汁、1の豆腐以外の具材を入れて強火にかける。煮立ったらアクを取り、中火で7分煮る。

3 豆腐を加えてみそを溶き入れ、沸騰直前で火を止める。器に盛り、万能ねぎを散らす。

おわりに

子どもたちや、子どもたちの子どもたちへ

幼い子に、私はよく
「自分でご飯を炊いてみて」と言います。
ご飯さえ炊けば、必ずおかずのことを考え、
自然と副菜やおつゆのことも
考えるようになるからです。

考えさせないであてがってしまいすぎると
大人になって、たとえばハンバーグを買ってきたとしても
これでは野菜が足りないな、と気づく力がつかない。
食べ方を学ぶチャンスを持ってほしいのです。

今10歳の子どもたちは、30年後、40歳。
社会の軸になる世代です。
その人たちがみんな、もれなくご飯が炊ける人だったら
ほんの少しでも、何か変わると思いませんか。

ブックデザイン
茂木隆行
撮影
廣瀬靖士
スタイリング
中尾美穂(デコラシオン・エヌ)
調理アシスタント
城戸恭子、福島寿美子
構成・取材
加藤洋子
校閲
滄流社
編集
佐藤 遊

村上祥子　むらかみ・さちこ

料理家・管理栄養士。福岡女子大学客員教授。
昭和17年福岡県生まれ。
2022年2月に満80歳を迎える。
各種メディアのほか、
栄養指導や治療食開発、料理教室など
全国を股にかけて、
50年以上活動を続けている。
キャッチフレーズは「空飛ぶ料理研究家」。
著作は500冊を超え、
累計約977万部以上を発行。
http://www.murakami-s.jp/

村上祥子80歳　遺言レシピ

著　者　村上祥子
編集人　栃丸秀俊
発行人　倉次辰男
発行所　株式会社 主婦と生活社
〒104-8357　東京都中央区京橋3-5-7
編集部　03-3563-5130
販売部　03-3563-5121
生産部　03-3563-5125
https://www.shufu.co.jp

製版所　東京カラーフォト・プロセス株式会社
印刷所　大日本印刷株式会社
製本所　株式会社若林製本工場

ISBN978-4-391-15708-6

落丁・乱丁の場合はお取り替えいたします。お買い求めの書店か、小社生産部までお申し出ください。